ACCESO GRATIS *a la Lectura en la Nube*

Para visualizar el libro electrónico en la nube de lectura envíe junto a su nombre y apellidos una fotografía del código de barras situado en la contraportada del libro y otra del ticket de compra a la dirección:

ebooktirant@tirant.com

En un máximo de 72 horas laborables le enviaremos el código de acceso con sus instrucciones.

IA Y CIBERDELINCUENCIA

La estafa del siglo XXI ante el derecho penal

IA Y CIBERDELINCUENCIA

La estafa del siglo XXI ante el derecho penal

DR. EDUARDO R. LUNA ÁLVAREZ
Abogado - Criminólogo
Profesor asociado Universidad de las Islas Baleares (UIB)

Este trabajo ha sido realizado en el marco del proyecto PID2022-140944OA-109, cuyo título es "Inteligencia artificial y Derecho: Análisis de la responsabilidad de los daños derivados del uso de sistemas de inteligencia artificial", financiado por el Ministerio de Ciencia e Innovación, la Agencia Española de Investigación y Fondos FEDER de la UE (MCIN/AEI/10.13039/501100011033/FEDER, UE).

tirant lo blanch
Valencia, 2026

En caso de erratas y actualizaciones, la Editorial Tirant lo Blanch publicará la pertinente corrección en la página web www.tirant.com.

© TIRANT LO BLANCH
EDITA: TIRANT LO BLANCH
C/ Artes Gráficas, 14 - 46010 - Valencia
TELFS.: 96/361 00 48 - 50
FAX: 96/369 41 51
Email: tlb@tirant.com
www.tirant.com
Librería virtual: www.tirant.es
DEPÓSITO LEGAL: V-5364-2025
ISBN: 979-13-7021-645-0

Si tiene alguna queja o sugerencia, envíenos un mail a: *atencioncliente@tirant.com*. En caso de no ser atendida su sugerencia, por favor, lea en *www.tirant.net/index.php/empresa/politicas-de-empresa* nuestro procedimiento de quejas.

Responsabilidad Social Corporativa: *http://www.tirant.net/Docs/RSCTirant.pdf*

Índice

SEGUNDA PARTE
INTELIGENCIA ARTIFICIAL Y DERECHO PENAL

Prólogo

La transformación digital de la sociedad contemporánea ha generado profundas oportunidades, pero también desafíos sin precedentes. Entre las innovaciones más disruptivas, la Inteligencia Artificial ocupa un lugar central por su capacidad para redefinir procesos económicos, sociales y jurídicos. En este contexto, la delincuencia también se reinventa, adoptando modalidades tecnológicamente sofisticadas que ponen a prueba tanto la eficacia de las instituciones como la solidez de los marcos normativos.

La presente monografía, "IA y Ciberdelincuencia: La Estafa del Siglo XXI ante el Derecho Penal" —elaborada por el Doctor Eduardo Luna, miembro del Equipo de Trabajo del proyecto de investigación que lidero, el PID2022-140944OA-109 titulado "Inteligencia artificial y Derecho: Análisis de la responsabilidad de los daños derivados del uso de sistemas de inteligencia artificial", financiado por el Ministerio de Ciencia e Innovación, la Agencia Española de Investigación y Fondos FEDER de la UE (MCIN/AEI/10.13039/501100011033/FEDER, UE)— aborda este fenómeno emergente desde dos grandes perspectivas complementarias: la de los ciberdelitos vinculados a la estafa informática y la de la relación entre Inteligencia Artificial y dogmática penal. La obra no se limita a describir casos o tipologías delictivas, sino que articula un análisis profundo de las bases conceptuales, los dilemas normativos y las posibles vías de evolución legislativa y jurisprudencial.

La primera parte se centra en la estafa informática y los ciberdelitos que de ella derivan. Parte de un sólido marco conceptual y dogmático, donde se examina la evolución de la estafa tradicional hacia su modalidad digital, los elementos típicos del tipo penal y las particularidades que adquiere el "engaño bastante" o el "artificio semejante" en el entorno tecnológico. Esta sección ofrece una reflexión necesaria sobre la diferenciación entre estafa informática y otros delitos cibernéticos afines, clarificando sus fronteras jurídicas.

Posteriormente, la obra explora con detalle las modalidades comisivas de la estafa digital. Desde el phishing, vishing y smishing —ejemplos paradigmáticos de fraudes de ingeniería social— hasta prácticas más complejas como el pharming, spoofing, malware financiero o los deepfakes aplicados a la suplantación de identidad. El estudio se enriquece con apartados específicos de "preguntas clave", que orientan al lector en la comprensión práctica de cada modalidad. Asimismo, se consideran fenómenos como el rol de los "money mules" en redes de fraude y los ataques de manipulación directa como hacking o skimming.

Un aspecto de gran valor reside en la discusión sobre el bien jurídico protegido y la tutela penal. El texto no se limita a la defensa del patrimonio, sino que abre el debate doctrinal sobre la protección de la confianza en los sistemas telemáticos, así como las particularidades de los fraudes en servicios bancarios y financieros digitales. La inclusión de una perspectiva de género y la atención a grupos vulnerables enriquecen este análisis, subrayando la dimensión social de estos delitos.

La monografía también aborda de manera sistemática las cuestiones jurídico-penales y los vacíos normativos. Aquí se examinan las lagunas de tipicidad en contextos tecnológicos emergentes, los desafíos probatorios relacionados con la prueba electrónica, los problemas de jurisdicción internacional y la responsabilidad penal de las personas jurídicas. Se discute incluso la ineficacia de los tipos tradicionales frente al fenómeno del "cybercrime-as-a-service", lo que evidencia la necesidad de reformas profundas.

Una contribución destacada es el análisis jurisprudencial, que incluye tanto la doctrina del Tribunal Supremo español como la perspectiva europea (TEDH y TJUE). El examen de sentencias recientes, como la STS 838/2023 o la STS 571/2025, ofrece al lector un panorama actualizado de los criterios interpretativos y de sus implicaciones en la práctica judicial. Esta sección se complementa con un comentario crítico que enriquece el debate académico y práctico.

La primera parte culmina con un capítulo dedicado a la prevención, detección y reacción del Derecho penal. Se estudian medidas legislativas en el ámbito europeo, protocolos de investigación penal, políticas públicas de cooperación internacional y el papel de la ética judicial. El cierre de esta sección propone reformas y adaptaciones tecnológicas que apuntan a un Derecho Penal más eficaz y acorde a la realidad digital.

La segunda parte se adentra en los desafíos filosóficos, dogmáticos y procesales que plantea la Inteligencia Artificial frente al Derecho Penal. Se inicia con un análisis de los fundamentos filosófico-jurídicos, cuestionando la aplicabilidad de categorías tradicionales —como acción, culpabilidad o imputación objetiva— en un escenario en el que los sistemas inteligentes generan riesgos de manera autónoma.

El texto reflexiona sobre la autoría y participación en delitos mediados por sistemas inteligentes, la responsabilidad penal derivada del diseño y entrenamiento de algoritmos y el debate en torno a la posibilidad —real o ficticia— de un "delito cometido por la IA". Estas discusiones plantean interrogantes de gran calado sobre la relación entre conciencia humana, responsabilidad y Derecho Penal.

La obra también estudia los retos procesales que surgen en investigaciones donde interviene la Inteligencia Artificial, destacando la dificultad de garantizar pruebas fiables y cadenas de custodia en entornos digitalizados. A nivel de política criminal, se plantean propuestas de lege ferenda que buscan anticipar los riesgos y ofrecer respuestas normativas adecuadas antes de que los problemas se consoliden en la práctica.

En definitiva, esta monografía ofrece una visión panorámica, sistemática y crítica sobre las conexiones entre Inteligencia Artificial, ciberdelincuencia y Derecho Penal. Su estructura permite al lector avanzar desde la descripción precisa de las conductas típicas de estafa digital hasta las más complejas reflexiones dogmáticas sobre la capacidad del Derecho Penal para responder a los desafíos de la era tecnológica.

Se trata, en suma, de una obra muy actual que enriquece la discusión académica, proporciona criterios útiles a los operadores jurídicos y abre líneas de investigación interdisciplinar. Su lectura resulta indispensable para comprender cómo la "estafa del siglo XXI" interpela al Derecho Penal y qué respuestas jurídicas y políticas están en juego en la sociedad digital.

MARÍA ISABEL MONTSERRAT SÁNCHEZ-ESCRIBANO
Profesora Titular de Universidad de Derecho Penal
Investigadora Principal del Proyecto PID2022-140944OA-100
"Inteligencia artificial y Derecho: Análisis de la responsabilidad de los daños derivados del uso de sistemas de Inteligencia Artificial"
Universidad de las Islas Baleares (UIB)
Investigadora Principal del Grupo de Investigación Derecho e Inteligencia Artificial
Secretaria del Instituto de Inteligencia Artificial de las Islas Baleares
Miembro del Laboratorio de Aplicaciones de Inteligencia Artificial
Miembro de la Unidad de Innovación en Videojuegos e Inteligencia Artificial
Miembro del Laboratorio de Conducta y Tecnología

Prólogo del autor

Este libro es fruto de una labor que va más allá de la reflexión individual. Se enmarca en el proyecto de investigación, titulado *"Inteligencia artificial y Derecho: Análisis de la responsabilidad de los daños derivados del uso de sistemas de inteligencia artificial"*, financiado por el Ministerio de Ciencia e Innovación, la Agencia Española de Investigación y los Fondos FEDER de la Unión Europea. Gracias a este marco de investigación, he podido trabajar en contacto con otras miradas y enfoques, lo que ha enriquecido enormemente la visión que aquí se ofrece.

Al mismo tiempo, no puedo desligar esta obra de mi práctica diaria como abogado penalista. La experiencia profesional me ha permitido comprobar de primera mano cómo la criminalidad digital y la irrupción de la inteligencia artificial plantean interrogantes concretos en los tribunales, más allá de las páginas de los manuales. Esa vivencia práctica me ha servido de guía para intentar que este trabajo no se quede solo en lo teórico, sino que resulte útil a quienes deben enfrentarse a estos problemas en su quehacer profesional.

No pretendo ofrecer respuestas definitivas, sino aportar una contribución honesta a un debate abierto y en constante evolución. Si este libro logra servir de ayuda o de punto de partida para nuevas reflexiones, ya habrá cumplido su propósito.

Allí donde la tecnología multiplica las oportunidades, también expone nuestras debilidades: el reto del Derecho es protegerlas sin frenar el progreso.

Abreviaturas

AAP	Auto de la Audiencia Provincial
AAPM	Auto de la Audiencia Provincial de Madrid
AP	Audiencia Provincial
art.	artículo
BOE	Boletín Oficial del Estado
CC	Código Civil
CE	Constitución Española
CEDH	Convenio Europeo de Derechos Humanos
CF	Ciberfraude
CP	Código Penal
DOUE	Diario Oficial de la Unión Europea
ETS	European Treaty Series (Serie de Tratados Europeos del Consejo de Europa)
IA	Inteligencia Artificial
LO	Ley Orgánica
LOPJ	Ley Orgánica del Poder Judicial
LO 14/2022	Ley Orgánica 14/2022, de modificación de la Ley de Enjuiciamiento Criminal y el Código Penal

LORCP	Ley Orgánica de Responsabilidad Penal de las Personas Jurídicas (si la utilizas)
ONU	Organización de las Naciones Unidas
p. ej.	por ejemplo
pp.	páginas
s./ss.	siguiente/s (cuando se citan artículos o páginas)
SAP	Sentencia de la Audiencia Provincial
STC	Sentencia del Tribunal Constitucional
STS	Sentencia del Tribunal Supremo
TEDH	Tribunal Europeo de Derechos Humanos
TJUE	Tribunal de Justicia de la Unión Europea
TS	Tribunal Supremo
UE	Unión Europea

ABREVIATURAS TÉCNICAS Y DE CIBERDELITOS

AI Act	Artificial Intelligence Act (Propuesta de Reglamento de la UE sobre IA)
DDoS	Distributed Denial of Service (ataque de denegación de servicio distribuido)
DNS	Domain Name System
GDPR	General Data Protection Regulation (Reglamento General de Protección de Datos – RGPD en español)
IP	Internet Protocol

MITB	Man in the Browser (ataque informático de intermediación en navegador)
MITM	Man in the Middle (ataque informático de intermediación)
SSL	Secure Sockets Layer (certificados digitales de seguridad)
TCP/IP	Transmission Control Protocol / Internet Protocol
URL	Uniform Resource Locator

Introducción

El delito de estafa, tal y como hoy lo concebimos, es el resultado de una evolución jurídica y social que hunde sus raíces en los primeros sistemas normativos de la humanidad. Desde una perspectiva histórica, ya en el *Código de Hammurabi* (siglo XVIII a.C.) se hallaban disposiciones que sancionaban el fraude mercantil y las transacciones desleales, reflejando una temprana preocupación por proteger la confianza en los intercambios económicos. El Derecho romano, por su parte, configuró la *stellionatus* como figura genérica para castigar los engaños y artificios en perjuicio ajeno, si bien su tipificación carecía de la precisión que caracteriza a las legislaciones modernas.

Durante la Edad Media, los fueros y recopilaciones jurídicas del ámbito europeo y peninsular incorporaron de forma fragmentaria supuestos de fraude, muchas veces vinculados al comercio, la usura y la falsificación. Sin embargo, no será hasta el desarrollo de los Códigos penales decimonónicos —en un contexto de consolidación del Estado liberal y de la economía capitalista— cuando la estafa se configure como un tipo penal autónomo, dotado de elementos objetivos y subjetivos claramente diferenciados: el engaño precedente y bastante, el desplazamiento patrimonial y el ánimo de lucro. En España, el Código Penal de 1848 ya contemplaba un tipo de estafa con rasgos muy próximos a los actuales, alineado con las corrientes codificadoras europeas.

La función primordial de esta figura ha sido, históricamente, la tutela de la propiedad y del tráfico jurídico-económico frente a conductas que erosionan la confianza, elemento indispensable para el funcionamiento del mercado y de las relaciones contractuales. No obstante, la propia naturaleza dinámica del engaño y su capacidad de adaptarse a nuevos contextos tecnológicos ha exigido una constante actualización de su tipificación. De este modo, el paso de una economía de base física a una economía digital, mediada por redes telemáticas y sistemas de información, ha supuesto un punto de inflexión en la fenomenología delictiva de la estafa, ampliando sus modalidades y complejizando su persecución.

Desde la génesis de la sociedad de la información, el Derecho Penal ha debido enfrentarse a desafíos inéditos, cuya complejidad se ha intensificado en paralelo con el desarrollo exponencial de las tecnologías digitales. Entre estos desafíos destaca el auge de los ciberdelitos, especialmente las estafas cometidas mediante medios telemáticos, cuya sofisticación técnica y transversalidad han trastocado los paradigmas tradicionales del *ius puniendi*. Este fenómeno exige no solo una actualización constante del marco normativo, sino una revisión de fondo de los principios rectores del Derecho Penal sustantivo y procesal, de cara a preservar su legitimidad en contextos digitales.

La evolución de la criminalidad informática revela una progresión desde simples accesos no autorizados a sistemas cerrados–como sucedía en los primeros casos de *hacking* durante las décadas de 1980 y 1990- hasta formas complejas de criminalidad económica y organizada, potenciadas por la anonimidad de la red, el cifrado de las comunicaciones y el uso de tecnologías emergentes como la inteligencia artificial o el *blockchain*. En este contexto, las estafas telemáticas se han convertido en una de las manifestaciones más frecuentes y lesivas del cibercrimen, afectando tanto a particulares como a entidades públicas y privadas a través de modalidades tan diversas como el *phishing*, el *spoofing*, las falsas inversiones criptográficas o las suplantaciones de identidad.

Tal y como apuntan diversos estudios criminológicos, las características específicas del ciberespacio, su descentralización, ubicuidad y dinamismo, erosionan los criterios clásicos de tipicidad, antijuridicidad e imputación subjetiva que rigen el Derecho Penal clásico. Así, por ejemplo, el principio de territorialidad se ve desafiado por delitos que pueden ser cometidos en un país, ejecutados en servidores de otro y cuyos efectos recaen en víctimas ubicadas en múltiples jurisdicciones. Corolario de lo anterior, la autoría mediata y la intervención delictiva a través de *bots* o algoritmos obligan a reconsiderar las nociones de dolo, control del hecho y participación criminal, especialmente en los casos en que los autores se ocultan tras técnicas de anonimización avanzadas.

Frente a esta realidad, la comunidad jurídica ha comenzado a demandar respuestas no solo normativas, sino también epistemológicas. No basta con tipificar nuevas conductas; es necesario repensar los fundamentos del castigo en contextos donde el agente no es fácilmente identificable o donde el perjuicio se manifiesta en formas difusas, como la afectación de la seguridad de la información, la pérdida de confianza en los sistemas electrónicos o el daño reputacional. Este desafío se agudiza ante la dificultad probatoria que entrañan los entornos digitales, donde las huellas electrónicas pueden ser fácilmente manipuladas o eliminadas, y donde la cadena de custodia de la prueba digital presenta vulnerabilidades estructurales.

A mayor abundamiento, la creciente automatización de los delitos y el uso instrumental de sistemas de inteligencia artificial por parte de organizaciones criminales refuerzan la necesidad de dotar al Derecho Penal de una perspectiva anticipatoria. Ello implica no solo la criminalización de conductas consumadas, sino también reforzar las figuras de tentativa y conspiración o las de asociación ilícita, adaptadas a las formas de organización delictiva en el ciberespacio. También exige potenciar instrumentos procesales y de cooperación internacional, como los tratados de cibercriminalidad, las órdenes europeas de entrega electrónica (*e-evidence*) o los equipos conjuntos de investigación digital, capaces de contrarrestar la naturaleza transfronteriza del fenómeno.

Se impone la necesidad de una revisión profunda del papel del Derecho Penal frente a las estafas telemáticas. Esta revisión debe estar anclada en un enfoque garantista, que respete los derechos fundamentales de los investigados, pero también en una lógica de eficiencia sistémica que permita la persecución eficaz de conductas gravemente lesivas para el tejido social y económico. No se trata, en definitiva, de ensanchar acríticamente el Derecho Penal, sino de adecuar sus postulados dogmáticos a las condiciones materiales de la criminalidad contemporánea. En este sentido, resulta imprescindible articular una teoría del delito que incorpore elementos tecnológicos, conceptualmente rigurosos, pero pragmáticamente aplicables.

La presente monografía pretende analizar la evolución de los ciberdelitos, con especial énfasis en las estafas cometidas mediante medios telemáticos. A partir de una aproximación jurídico-penal, se abordan los desafíos que plantea la criminalidad digital en el contexto de la sociedad de la información, destacando su complejidad técnica, su carácter transnacional y su impacto en los principios fundamentales del Derecho Penal. Este trabajo pretende aproximar al lector al campo de la ciberdelincuencia y plantear interrogantes que coadyuven al progreso y avance de la ciencia penal en el campo de los ciberdelitos.

PRIMERA PARTE

ESTAFA Y CIBERDELITOS

1. Marco conceptual y dogmático de la estafa informática

1.1. CONCEPTO DE ESTAFA TRADICIONAL Y EVOLUCIÓN HACIA SU MODALIDAD DIGITAL

La estafa, como figura clásica delictiva dentro del Derecho penal, se ha caracterizado históricamente por la concurrencia de un engaño bastante que induce en la víctima un error, provocando esta última un acto de disposición patrimonial en perjuicio propio o ajeno, del cual se beneficia el autor con ánimo de lucro. Esta estructura dogmática ha sido ampliamente desarrollada por la doctrina y consolidada por la jurisprudencia del Tribunal Supremo, especialmente a través de las sentencias que analizan el artículo 248 del Código Penal que de forma exquisita se desgranan, por ejemplo, en el trabajo elaborado por De la Hiz y Carrascosa[1] donde los autores analizan cómo las conductas delictivas tradicionales, en especial la estafa, adoptan nuevas formas cuando se desarrollan mediante medios informáticos, exigiendo una reinterpretación dogmática y jurisprudencial de sus elementos estructurales.

Los autores parten de la configuración tradicional de la estafa recogida en el artículo 248 del CP, que describe la estafa como el acto de inducir a error a otro, con ánimo de lucro, mediante engaño bastante, y obteniendo así un desplazamiento patrimonial que le perjudica. Si bien estos elementos serán

---

1 DE LA HIZ MATÍAS, J. J., & CARRASCOSA LÓPEZ, V. Estafa informática. Informática y Derecho, 2022, pp. 1135-1148.

objeto de análisis a lo largo de esta obra, nos ha parecido ilustrativo a modo de introducción identificar los cuatro elementos esenciales, toda vez que el ilícito pivotara inexorablemente sobre ellos en la construcción del delito:

1. Engaño bastante: debe tener la entidad suficiente para provocar el error de la víctima.
2. Error: consecuencia directa del engaño, que afecta a la víctima y la lleva a actuar en un sentido determinado.
3. Acto de disposición patrimonial: la víctima, por efecto del error, realiza voluntariamente un acto de disposición de su patrimonio.
4. Ánimo de lucro: propósito subjetivo del autor de obtener una ventaja económica ilícita.

El "engaño" en el entorno informático

En el análisis del "engaño" en las operaciones informáticas, debemos observar que, en el ciberespacio, la interacción con el sujeto pasivo puede estar mediada por un sistema automatizado, por lo que la estructura interpersonal clásica de la estafa sufre alteraciones como podemos observar.

En el contexto de las operaciones informáticas, el análisis del elemento típico del *engaño* requiere una reformulación conceptual respecto de su entendimiento tradicional en el delito de estafa. En el ámbito clásico, el engaño se construye como una interacción directa o indirecta entre autor y sujeto pasivo, en la que la conducta mendaz o artificiosa provoca un error en la víctima que la lleva a realizar un acto de disposición patrimonial. Sin embargo, en el ciberespacio, dicha interacción puede no producirse de forma personal ni sincrónica, sino a través de sistemas automatizados o interfaces digitales que median en la comunicación o ejecución de la operación.

En estos supuestos, la estructura interpersonal tradicional se ve alterada, dado que el acto de inducción al error no siempre recae sobre la conciencia de un sujeto físico en el momento de la disposición patrimonial, sino que puede proyectarse sobre el funcionamiento de un sistema informático programado para ejecutar transacciones, validar accesos o transmitir datos. El *engaño*, por tanto, puede materializarse en la manipulación de instrucciones, códigos o datos que, al ser procesados por el sistema, producen el resultado económico lesivo sin que medie la percepción consciente del titular del bien o derecho afectado.

Esta característica plantea cuestiones relevantes desde el punto de vista dogmático, en tanto que el error —elemento nuclear en la estafa tradicional— se desplaza desde la persona hacia la lógica operativa del sistema, lo que exige adaptar la interpretación de la figura típica a las particularidades de la criminalidad informática, sin desnaturalizar los principios de tipicidad y legalidad penal.

Así, en línea con los autores citados, coincidimos en proponer ampliar la noción de "engaño" a situaciones donde el autor manipula un sistema informático (banco de datos, terminal, red de comunicaciones) para provocar un resultado patrimonial sin intervención directa de la víctima humana.

Esta concepción tiene importantes implicaciones dogmáticas, porque permite encuadrar como "engaño" no solo las palabras o gestos dirigidos a una persona, sino también las instrucciones introducidas en un programa informático con intención fraudulenta. Se trataría de un "engaño técnico" "engaño objetivo", o como me ha gustado llamar "engaño programado" que no actúa sobre una conciencia, sino sobre un sistema que sustituye funcionalmente a la voluntad del sujeto pasivo.

Para respaldar esta construcción teórica, debemos acudir a varias sentencias del Tribunal Supremo que sientan jurisprudencia en la materia, entre ellas:

- STS 22 de marzo de 1989 (RJ 1989/2129): El Alto Tribunal admite como "engaño bastante" la introducción de datos falsos en un sistema automatizado de gestión, lo que ocasionó la percepción indebida de cantidades económicas. Se remarca la equivalencia funcional entre el error de la máquina y el error de la víctima humana en la estafa tradicional.
- STS 16 de octubre de 1992 (RJ 1992/8101): En esta resolución, el Tribunal Supremo se refiere a una modalidad de estafa en la que se alteraron programas informáticos de una empresa para transferir pequeñas cantidades de dinero a cuentas personales del acusado. La Sala concluye que el engaño puede producirse sin contacto directo entre autor y víctima, y que basta con la manipulación de sistemas para producir el desplazamiento patrimonial.
- STS 15 de febrero de 1993 (RJ 1993/870): Esta sentencia aporta un elemento fundamental: la posibilidad de que exista desplazamiento patrimonial incluso cuando no hay acto volitivo por parte de la víctima, siempre que se trate de una disposición económica inducida por una manipulación tecnológica.
- STS 18 de diciembre de 1995 (RJ 1995/9635): En este fallo, el Tribunal ahonda en el concepto de "engaño idóneo" en la estafa informática, resaltando que la manipulación del lenguaje lógico del sistema informático sustituye a la palabra oral en el engaño clásico.

La jurisprudencia española ha ido reconociendo paulatinamente la legitimidad del "engaño técnico" como suficiente para cumplir con el primer requisito del tipo penal de estafa, en un proceso de "despersonalización" del delito que refleja la realidad tecnológica actual que más adelante analizaremos.

El error y la disposición patrimonial automatizada

La estafa informática presenta una peculiaridad adicional en relación con el "error". Tradicionalmente, este se produce en el sujeto pasivo que, al ser inducido a engaño, actúa en consecuencia. En el caso de los sistemas informáticos, el error ya no se produce en un sujeto consciente, sino en una estructura técnica que procesa la información de forma automática.

En la modalidad informática del delito de estafa, el elemento típico del *error* adquiere una configuración singular que lo distingue de su concepción tradicional como podemos apreciar, el esquema clásico, el error es un fenómeno psicológico que se produce en el sujeto pasivo, inducido por el engaño a realizar un acto de disposición patrimonial en perjuicio propio o ajeno. Esta dinámica presupone la existencia de un destinatario consciente que percibe la información engañosa, la interpreta erróneamente y, como consecuencia, ejecuta la acción que materializa el desplazamiento patrimonial.

Sin embargo, en el ámbito de la estafa informática, el *error* no necesariamente se proyecta sobre una persona física o jurídica en cuanto ente consciente, sino sobre una estructura técnica —el sistema informático— que procesa datos e instrucciones de forma automática conforme a su programación. En estos supuestos, la manipulación fraudulenta recae sobre la lógica operativa del sistema, alterando su funcionamiento para que ejecute operaciones que, de no mediar dicha manipulación, no se habrían producido. El "engaño" se traduce, entonces, en una intervención sobre el flujo de datos o en la introducción de información falsa, y el "error" se materializa en la respuesta automática del sistema, que actúa como mediador en la disposición patrimonial.

Esta peculiaridad obliga a interpretar de forma extensiva —pero sistemáticamente coherente— el concepto de error en la estafa, trasladando su núcleo funcional desde el plano psicológico del sujeto pasivo al plano técnico-operativo del dispositivo, siempre que se mantenga el nexo causal con el perjuicio económico y el ánimo de lucro del autor.

De la Hiz y Carrascosa justifican, apoyados en la jurisprudencia citada anteriormente, que el desplazamiento patrimonial generado por una orden automatizada, si es consecuencia del engaño, debe considerarse válido a efectos penales. La relevancia penal del acto no depende de su ejecución manual o digital, sino de su origen doloso y fraudulento.

Ánimo de lucro y conducta típica

Respecto al ánimo de lucro, no difiere del que se exige en la estafa clásica. En el caso de la estafa informática, el beneficio puede consistir en dinero, información, acceso a servicios, cancelación de deudas o cualquier ventaja patrimonial. La clave es la intención subjetiva de obtener un provecho económico ilícito mediante la manipulación fraudulenta de un sistema informático.

Por otro lado, no es menos relevante el análisis de los *actos preparatorios* en el marco de la estafa informática, en particular aquellos que consisten en el desarrollo o utilización de herramientas tecnológicas orientadas a facilitar la comisión del fraude. La creación de programas maliciosos (*malware*), la instalación de dispositivos de interceptación como los *keyloggers*, o la implantación de *phishing kits*, constituyen intervenciones previas que, aunque no generen por sí mismas el desplazamiento patrimonial, resultan funcionalmente idóneas para provocar el *engaño* y el *error* en el sistema informático en un momento posterior.

La problemática jurídica radica en que estas conductas, por su carácter preparatorio, pueden quedar fuera de la tipicidad estricta de la estafa consumada o de la tentativa, en la medida en que no se haya iniciado aún la ejecución del núcleo típico —la inducción al error y el consiguiente acto de disposición—. Su eventual punición ha requerido, por tanto, la previsión de figuras autónomas, como las contempladas en los artículos 264 y siguientes del CP español en materia de daños informáticos, o en el artículo 197 ter respecto a la facilitación de programas para cometer delitos contra la intimidad.

De este modo, la integración de los actos preparatorios en el ámbito de la estafa informática exige una interpretación sistemática que evite lagunas punitivas, pero que, al mismo tiempo, respete el principio de legalidad y la prohibición de la analogía *in malam partem*, delimitando con precisión el momento en que la actividad preparatoria se transforma en tentativa punible conforme a los criterios del artículo 16 del CP.

El bien jurídico protegido

En cuanto al bien jurídico, la estafa informática, de la misma forma que la tradicional, atenta contra el patrimonio, aunque en ocasiones pueda también implicar violaciones a la intimidad o la seguridad informática. Esta pluralidad de intereses afectados exige una mirada integral del Derecho penal, con atención a la convergencia entre el patrimonio, los datos personales y la confidencialidad de los sistemas.

Estas reflexiones conducen a conclusión de la que existe la necesidad de una regulación penal más precisa y moderna que aborde de forma autónoma las nuevas formas de fraude informático. En 1995, se había publicado la reforma penal que introdujo el art. 248.2 CP, apartado 2.°, b) y c), que tipificaba las estafas mediante manipulación informática o artificios semejantes.

El trabajo de De la Hiz y Carrascosa López representa uno de los primeros esfuerzos doctrinales en España para sistematizar la estafa informática dentro del marco penal clásico, respetando la estructura del delito tradicional, pero adaptando sus elementos a las nuevas realidades tecnológicas. Su análisis detallado de la jurisprudencia del Tribunal Supremo, en un momento de escasa regulación legislativa, permitió sentar las bases para el posterior desarrollo normativo y doctrinal del Derecho penal informático en España. Hoy en día, muchas de sus reflexiones siguen siendo válidas y ofrecen un marco sólido para seguir afrontando los retos de la criminalidad digital.

Para una mejor comprensión y su posterior estudio, hemos elaborado un cuadro con las resoluciones marco del Tribunal Supremo y los elementos relacionados con el delito objeto de análisis:

N.º de STS	Referencia RJ	Elemento Analizado	Aportación Jurisprudencial	Relevancia Dogmática
STS 22/03/1989	RJ 1989/2129	Engaño – error	Admite como engaño la introducción de datos falsos en un sistema automatizado que provoca un perjuicio económico.	Reconoce el "engaño técnico" como modalidad válida de estafa. Rompe el vínculo con el error humano.
STS 16/10/1992	RJ 1992/8101	Engaño – desplazamiento patrimonial	Considera que la manipulación de programas para obtener transferencias ilegales constituye estafa, aunque no haya contacto personal con la víctima.	Afirma que la estafa puede cometerse mediante alteración informática sin intervención directa de la víctima.
STS 15/02/1993	RJ 1993/870	Desplazamiento patrimonial	Se pronuncia sobre el desplazamiento patrimonial efectuado por un sistema automático como acto suficiente para la consumación del delito.	Admite que no se requiere acto de disposición "voluntario" si media un sistema automatizado manipulado.
STS 18/12/1995	RJ 1995/9635	Engaño bastante	Reafirma que el engaño puede realizarse mediante lenguaje de programación informática en lugar del lenguaje humano.	Equivale el engaño "humano" y el engaño lógico-informático como medios típicos de inducción al error.

Corolario de lo anterior, enmarcada la estructura del ilícito, podemos concluir esta aproximación aseverando que, con el advenimiento de la era digital, la modalidad tradicional de estafa ha sufrido una profunda transformación, impulsada por la irrupción de las Tecnologías de la Información y la Comunicación (TIC). Esta evolución ha originado nuevas formas de interacción social, económica y financiera que, a su vez, han creado contextos más vulnerables a comportamientos defraudatorios que utilizan herramientas tecnológicas como medio comisivo. En este sentido, surge la estafa informática como una figura delictiva que conserva la esencia del tipo clásico, pero que adapta su modus operandi a escenarios virtuales.

Autores como Sánchez[2] señalan que esta modalidad se caracteriza por el uso de medios informáticos para obtener, de forma engañosa, datos personales o bancarios que permiten al autor provocar un desplazamiento patrimonial no consentido. Esta forma de actuar desdibuja los límites tradicionales entre engaño personal y manipulación automatizada, obligando a una reconsideración de los elementos dogmáticos desde una perspectiva funcional.

En el plano comparado, diversos ordenamientos, como el italiano o el chileno, han incorporado progresivamente esta problemática a sus sistemas punitivos. Por ejemplo, Balmaceda[3] destaca que el Derecho europeo continental ha servido como referencia para la conceptualización de esta figura, al tratarse de una categoría criminológica funcional que engloba una multiplicidad de conductas heterogéneas facilitadas por la naturaleza descentralizada y automatizada de los sistemas informáticos.

---

2 SÁNCHEZ BERNAL, J. El bien jurídico protegido en el delito de estafa informática. Cuadernos Tomás, 1, 2009, pp. 105-121.

3 BALMACEDA HOYOS, G. El delito de estafa informática en el Derecho europeo continental. Revista de Derecho y Ciencias Penales, 17, 2011, pp. 111-149.

La necesidad de un tratamiento específico de la estafa informática se justifica en virtud de sus particularidades: a) la desvinculación física entre el autor y la víctima; b) la posibilidad de automatizar el engaño; c) la facilidad de anonimato y de actuación transnacional; y d) la difícil rastreabilidad de la conducta delictiva. Esta complejidad operativa dificulta su encaje en los moldes clásicos de la estafa, lo que exige una respuesta dogmática y normativa más sofisticada[4].

A la luz de lo anterior, es posible afirmar que la estafa informática no constituye una nueva especie del delito de estafa, sino una modalidad comisiva adaptada a la realidad tecnológica actual. Esta interpretación ha sido avalada por la doctrina penal contemporánea, que reconoce la existencia de un tipo específico en el art. 248.2 a) del CP, orientado a sancionar aquellas conductas que, mediante manipulación informática o artificio semejante, generan un desplazamiento patrimonial sin consentimiento.

1.2. ELEMENTOS TÍPICOS DEL TIPO PENAL (ART. 248.2 A) CP)

Desde la perspectiva típica, el artículo 248.2 a) del Código Penal español configura una figura penal autónoma, diferenciada de la estafa tradicional, que exige un examen detenido de sus elementos estructurales y de su razón de ser en el marco de la criminalidad informática. Este precepto tipifica como delito de estafa la manipulación informática o la introducción, alteración o supresión de datos informáticos, así como cualquier in-

---

4 OXMAN, N. Estafas informáticas a través de Internet: acerca de la imputación penal del phishing y el pharming. Revista de Derecho, Pontificia Universidad Católica de Valparaíso, XLI (2), 2013, pp. 211-262.

terferencia en el funcionamiento de un sistema de tratamiento de datos, cuando ello produzca un perjuicio patrimonial. Se trata de una modalidad delictiva que responde a la necesidad de adaptar la tutela penal frente al fraude a un contexto en el que las transacciones y operaciones económicas dependen, de manera creciente y decisiva, de sistemas automatizados.

Su autonomía tipológica deriva de que no se exige, como en la estafa clásica prevista en el artículo 248.1 CP, que el engaño recaiga directamente sobre una persona física o jurídica consciente, sino que basta con que la manipulación recaiga sobre el sistema informático, provocando que este ejecute automáticamente actos de disposición patrimonial en perjuicio de un tercero. En consecuencia, los elementos clásicos del *engaño* y del *error* experimentan una adaptación: el primero se materializa en la alteración fraudulenta de datos o instrucciones; el segundo, en la respuesta errónea del sistema, que actúa como sujeto pasivo mediato de la acción delictiva.

Esta configuración normativa responde a la evolución tecnológica y a la aparición de nuevas formas de fraude en la sociedad de la información, donde la distancia física entre autor y víctima, la ausencia de interacción personal y la opacidad técnica de los sistemas dificultan la detección y persecución de estas conductas. Por ello, el legislador ha optado por una tipificación específica que, respetando los principios de legalidad y tipicidad, amplía el alcance del bien jurídico protegido —la propiedad y el tráfico jurídico-económico— a supuestos en los que el desplazamiento patrimonial se produce sin contacto humano directo, pero mediado por procesos electrónicos automatizados.

Este diseño típico plantea, sin embargo, cuestiones dogmáticas y prácticas relevantes: la delimitación con otros delitos informáticos, la determinación del momento de la consumación, la posible concurrencia con figuras de daños informáticos o falsedades, así como la punición de actos preparatorios. De ahí que el análisis de esta modalidad exija no solo la disección de cada elemento típico —sujeto activo, conducta, resultado y nexo causal—, sino también la interpretación sistemática del precepto en todo su contexto.

El primero de ellos, el ánimo de lucro, que sigue constituyendo el núcleo subjetivo del delito, al igual que en la estafa tradicional. No obstante, la obtención de ese beneficio patrimonial en el contexto digital adquiere nuevas formas, muchas veces disimuladas en estructuras de transferencia internacional, criptomonedas o en sistemas de pago digital que dificultan la trazabilidad del beneficio obtenido.

El segundo elemento, la manipulación informática o artificio semejante, constituye la principal novedad en relación con la estafa clásica. A diferencia del engaño verbal o gestual que caracteriza a la figura tradicional, en esta modalidad la conducta del autor se materializa mediante la utilización de sistemas, herramientas o procesos tecnológicos que producen un resultado defraudatorio. Aquí se incluyen desde el uso de códigos maliciosos (como troyanos o *ransomware*), hasta el desarrollo de webs clonadas que simulan ser plataformas oficiales de entidades bancarias o comerciales[5].

La jurisprudencia ha ido consolidando una interpretación funcional del concepto "artificio semejante". En la STS 838/2023[6], se optó por una interpretación extensiva y finalista del precepto, señalando que el artificio debe entenderse como cualquier mecanismo que, sin constituir manipulación informática en sentido estricto, produzca un efecto similar en términos defraudatorios. Esta visión amplia permite incluir diversas

---

5 GONZÁLEZ CÁCERES, C. Un análisis jurídico-económico de estafas en entidades de crédito. E.M. Revista, (77), mayo-agosto, 2004.

6 STS 838/2023 de 11 de noviembre. Roj: STS 4650/2023–ECLI:ES:TS:2023:4650

prácticas, como el *pharming*, la creación de *bots* para realizar operaciones automáticas, o incluso el uso de dispositivos físicos para interceptar datos en cajeros automáticos, *skimmers*.

Otro elemento que destacar es la transferencia no consentida de activos patrimoniales. A diferencia de la estafa común, donde la víctima actúa voluntariamente —aunque inducida en error—, en la estafa informática esta disposición patrimonial se produce frecuentemente de forma automatizada. Es decir, el autor no induce directamente a la víctima a actuar, sino que explota debilidades técnicas en los sistemas que gestionan el patrimonio ajeno para provocar una transferencia involuntaria. Por ejemplo, un caso frecuente es la intervención en los sistemas de banca en línea mediante técnicas de *keylogging* o robo de credenciales, que permite al defraudador operar desde la cuenta del perjudicado sin que éste tenga conocimiento de ello[7].

La doctrina ha planteado si estas transferencias no consentidas deben entenderse como equivalentes funcionales a la disposición voluntaria viciada por engaño[8]. La respuesta mayoritaria es afirmativa: aunque se elimina la mediación consciente de la víctima, el resultado lesivo sobre su patrimonio sigue siendo atribuible al autor, quien genera la situación a través de un medio engañoso o intrusivo. Por tanto, la estructura delictiva mantiene su lógica causal, pero introduce nuevos eslabones tecnológicos en el nexo de imputación.

Asimismo, resulta imprescindible considerar el bien jurídico protegido. La doctrina especializada reconoce que, en el caso de la estafa informática, el bien jurídico no se limita al

---

7 CALIXTO GONZÁLEZ, N., DENIS MORALES, D. I., & ÁGUILA VILLA, R. M. El delito informático, su tratamiento en el ordenamiento jurídico cubano. Revista Caribeña de Ciencias Sociales. 2018.

8 *Ob cit.*

patrimonio individual, sino que incluye también la seguridad de los sistemas telemáticos y la confianza pública en las transacciones digitales[9]. Esta ampliación del objeto de tutela se justifica por el papel central que desempeñan las tecnologías digitales en el tráfico jurídico-económico moderno. La lesión a la integridad de estos sistemas no sólo perjudica a la víctima concreta, sino que mina la confianza en los mecanismos que permiten el funcionamiento seguro del comercio electrónico.

La configuración del tipo penal en el artículo 248.2 a) CP permite distinguir entre modalidades consumadas y tentativas. En la práctica, muchas conductas se interrumpen en fases preliminares —por ejemplo, cuando una entidad bancaria detecta una transferencia irregular e impide su ejecución—. La jurisprudencia ha reconocido que estos casos pueden constituir tentativa de estafa informática, siempre que se acredite la existencia del plan defraudatorio y la puesta en marcha de los mecanismos técnicos para su ejecución[10].

La estafa informática presenta un tipo penal flexible y dinámico, adaptado a las exigencias del entorno digital. No obstante, esa flexibilidad debe ser gestionada con cautela para evitar interpretaciones excesivamente amplias que comprometan los principios de taxatividad y legalidad penal. El reto del legislador y de los operadores jurídicos es mantener el equilibrio entre la necesaria adaptación del Derecho penal a las nuevas realidades tecnológicas y la preservación de las garantías sustantivas del ordenamiento.

---

9 CRESCIOLI, C. La lucha contra el cibercrimen y las últimas reformas penales en España e Italia: luces y sombras. Revista de Estudios Jurídicos y Criminológicos, (10), 2024, pp. 403–427.

10 DE LA MATA BARRANCO, N. J., DOPICO GÓMEZ-ALLER, J., LASCURAÍN SÁNCHEZ, J. A., & NIETO MARTÍN, A. Derecho penal económico y de la empresa (2.ª ed.). Dykinson. 2024.

1.3. EL "ENGAÑO BASTANTE" EN EL ENTORNO DIGITAL

Uno de los elementos esenciales del delito de estafa, tal como se configura en el ordenamiento jurídico español, es la presencia de un "engaño bastante". Esta expresión, ampliamente consolidada por la jurisprudencia penal, hace referencia a una conducta objetiva y subjetivamente idónea para inducir a error a la víctima, generando así una disposición patrimonial perjudicial para sus intereses. En el contexto de la estafa informática, este elemento reviste una dimensión particular, ya que el engaño puede no estar dirigido directamente a una persona física, sino a sistemas automatizados o plataformas digitales utilizadas como intermediarios en la relación entre autor y víctima.

El engaño bastante se puede definir como aquel que es apto para crear una apariencia de realidad que lleva al sujeto pasivo a actuar en perjuicio propio. En el entorno digital, esta apariencia puede lograrse mediante una simulación informática creíble, como ocurre con las técnicas de *phishing*, donde el delincuente suplanta identidades corporativas para engañar a usuarios mediante correos electrónicos falsos que remiten a páginas fraudulentas[11]. En este sentido, el carácter "bastante" del engaño se analiza a partir de su adecuación funcional en el entorno en el que se produce, atendiendo tanto a la sofisticación del medio utilizado como al perfil de la víctima.

El análisis del engaño bastante en estos contextos exige un doble enfoque. Desde la perspectiva objetiva, debe determinarse si el ardid utilizado tiene capacidad para inducir en error a una persona media en condiciones normales. Desde la perspectiva subjetiva, se debe acreditar que el autor empleó conscientemente dicho engaño con la finalidad de obtener

---

11 *Ob cit.*

un desplazamiento patrimonial. La especial vulnerabilidad de ciertos entornos digitales ha llevado a la doctrina a matizar este estándar, reconociendo que la fiabilidad depositada por los usuarios en interfaces tecnológicas genera una expectativa de autenticidad que potencia la eficacia del engaño[12].

En muchas ocasiones, el engaño se estructura no sólo sobre una falsedad visual (como páginas clonadas), sino sobre la explotación de sistemas de confianza previos, como el uso de certificados digitales, marcas reconocidas o canales de comunicación habituales. Así, la mera recepción de un correo supuestamente emitido por una entidad financiera puede resultar suficiente para que la víctima facilite sus datos bancarios, incluso si no se presenta una coacción física ni una interacción directa con el estafador[13]. Esto ha provocado que el análisis de la suficiencia del engaño en el entorno digital se base más en la apariencia técnica de la acción que en el contenido del mensaje transmitido.

Asimismo, el desarrollo de nuevas formas de interacción mediante inteligencia artificial ha dado lugar a formas avanzadas de engaño como los *deepfakes*, es decir, contenidos audiovisuales generados mediante algoritmos que simulan la voz o el rostro de personas reales. Estos pueden ser utilizados para inducir a error en contextos contractuales o financieros, como simular una videollamada entre un supuesto directivo de empresa y un empleado con poder de disposición, a fin de ordenar una transferencia. En estos casos, el elemento de engaño basta si es razonablemente creíble para provocar la disposición patrimonial, lo cual reafirma el carácter adaptativo del tipo penal ante los riesgos tecnológicos emergentes.

---

12 SÁNCHEZ MEDERO, G. Delitos en Internet: clases de fraudes y estafas y las medidas para prevenirlos. Boletín de Información, 324, 2010, pp. 67–79.

13 *Ob cit.*

En cuanto a la prueba del engaño en el proceso penal, es patente la importancia de acreditar no sólo la existencia del contenido engañoso, sino también su idoneidad y su capacidad efectiva para inducir en error. En la estafa informática, este análisis suele apoyarse en informes periciales informáticos que reconstruyen el modo en que se ha producido el acceso indebido o la transferencia patrimonial. También se recurre con frecuencia al examen de la trazabilidad de las acciones del autor, la recopilación de metadatos, o la verificación del código fuente de los sitios fraudulentos.

Debe advertirse, sin embargo, que la expansión del concepto de engaño bastante no puede derivar en una tipificación genérica de todo comportamiento que aproveche la torpeza o inexperiencia del usuario. El tipo penal requiere un engaño objetivamente eficaz, no meramente incidental, y dirigido a provocar un error determinante de la disposición patrimonial. Por ello, se excluyen del ámbito penal aquellas prácticas de dudosa ética comercial, pero que no alcanzan el umbral típico exigido por el Derecho penal[14].

1.4. EL "ARTIFICIO SEMEJANTE" Y SU INTERPRETACIÓN JURISPRUDENCIAL A LA LUZ DE LA RECIENTE JURISPRUDENCIA DEL TS

La expresión "artificio semejante", introducida en el artículo 248.2 a) del C.P constituye una cláusula normativa que ha sido objeto de particular atención por parte de la doctrina penal y de la jurisprudencia reciente. Dicha fórmula fue incorporada con la finalidad de extender la cobertura del tipo penal de estafa a supuestos en los que no se produce una manipulación informática en sentido estricto, pero en los que se

---

14 *Ob cit.*

utilizan medios funcionalmente equivalentes para alcanzar un desplazamiento patrimonial no consentido. Se trata, por tanto, de una cláusula de cierre que permite abarcar conductas dotadas de capacidad defraudatoria mediante técnicas distintas a la pura manipulación del sistema.

La STS 838/2023, de 16 de noviembre, de la que fue ponente la Excma. Sra. Doña Carmen Lamela Díaz, constituye el hito jurisprudencial más relevante en esta materia bajo nuestro punto de vista. En dicha resolución, el Tribunal Supremo aborda el alcance del término "artificio semejante" a propósito de un caso en que los acusados zarandearon físicamente una ruleta electrónica para obtener un resultado favorable en sus apuestas. La defensa alegaba que esa actuación no podía considerarse como manipulación informática ni como artificio semejante, al no involucrar la alteración del sistema operativo ni el uso de programas maliciosos. Sin embargo, el Alto Tribunal desestimó este argumento, señalando que el artificio semejante no requiere una manipulación informática directa, sino una acción dotada de eficacia defraudatoria que incida sobre los mecanismos de funcionamiento del sistema automatizado.

Desde una perspectiva dogmática, la clave radica en interpretar la noción de "artificio" no tanto desde un enfoque técnico, sino desde un enfoque funcional. Lo relevante no es la herramienta utilizada, sino el resultado que produce en el entorno digital. Así, un artificio semejante puede consistir en un montaje técnico, un procedimiento fraudulento o incluso una puesta en escena que genere en el sistema o en sus usuarios un comportamiento erróneo, generando un perjuicio patrimonial para la víctima.

Esta concepción amplia ha sido respaldada por autores como Sánchez (2009), quien sostiene que el artificio debe entenderse como cualquier técnica dirigida a inducir un error estructural en los mecanismos de decisión automatizados, aun cuando no implique acceso ilegítimo o alteración informática directa. Del mismo modo, Oxman (2013) advierte que técnicas como el *phishing* o el uso de formularios fraudulentos insertados en sitios legítimos constituyen claros ejemplos de artificios semejantes, al simular escenarios de autenticidad destinados a captar información confidencial y operar en nombre de la víctima.

El uso del concepto de artificio semejante permite también integrar figuras como el *spoofing* —la suplantación de identidad electrónica—, el uso de *software* que altera balances o registros de sistemas contables digitales, o la simulación de procesos contractuales automatizados mediante *bots*. En todos estos casos, la conducta delictiva se basa en la explotación de una lógica de confianza depositada por el sistema en los datos que recibe, lo que genera una vulnerabilidad estructural que puede ser aprovechada de forma fraudulenta.

No obstante, esta interpretación expansiva del tipo penal ha sido objeto de cautelas. Desde una óptica garantista, se ha advertido que el uso excesivamente abierto de la cláusula "artificio semejante" puede derivar en una indeterminación normativa contraria al principio de legalidad. Por ello, la jurisprudencia insiste en que deben cumplirse ciertos requisitos para que la conducta sea subsumible en esta categoría: (1) debe existir un engaño que simule legalidad o normalidad funcional, (2) el autor debe actuar con ánimo de lucro, y (3) debe producirse una disposición patrimonial no consentida en perjuicio del titular.

El "artificio semejante" se configura como una categoría jurídico-penal que busca adaptarse a los cambios tecnológicos y al carácter camaleónico de las nuevas formas de fraude digital. Su correcta interpretación requiere un equilibrio entre la eficacia punitiva y las garantías sustantivas, de modo que se evite tanto la impunidad de formas sofisticadas de estafa como la criminalización de conductas atípicas. En este contexto, el Derecho penal se enfrenta al reto de mantener su vigencia y operatividad sin sacrificar los principios de taxatividad, seguridad jurídica y proporcionalidad como avanzamos ya desde nuestras primeras reflexiones.

1.5. DIFERENCIACIÓN ENTRE ESTAFA INFORMÁTICA Y OTROS DELITOS CIBERNÉTICOS AFINES

Una de las cuestiones que plantea mayor complejidad en la práctica judicial y en la dogmática penal es la delimitación precisa entre la estafa informática y otras figuras delictivas cometidas mediante tecnologías de la información. La naturaleza transversal de los instrumentos empleados en estos delitos —como ordenadores, redes de datos, algoritmos, y sistemas automatizados— conlleva un alto riesgo de confusión y solapamiento entre tipos penales, especialmente cuando se enfrentan técnicas delictivas híbridas que combinan diversas conductas ilícitas en una misma acción.

El delito de estafa informática, recogido en el artículo 248.2 a) del CP, se caracteriza —como ya se ha desarrollado— por la concurrencia de una manipulación informática o artificio semejante con ánimo de lucro, que provoca una transferencia patrimonial no consentida en perjuicio de otro. Este tipo penal requiere, por tanto, un elemento de engaño funcional que incida sobre sistemas digitales y que provoque una disposición patrimonial directa o indirecta. Sin embargo, existen otros delitos cibernéticos que pueden presentar elementos concurrentes, pero que responden a finalidades típicas distintas.

Uno de los más frecuentemente confundidos con la estafa informática es el delito de acceso ilícito a sistemas informáticos, regulado en el artículo 197 bis del CP[15]. Este tipo penal

---

[15] *"1. El que por cualquier medio o procedimiento, vulnerando las medidas de seguridad establecidas para impedirlo, y sin estar debidamente autorizado,*

protege la confidencialidad, integridad y disponibilidad de los sistemas y datos, y no exige ánimo de lucro ni desplazamiento patrimonial, sino simplemente el acceso no autorizado. Así, quien vulnera una contraseña para acceder a un servidor sin alterar su contenido o provocar perjuicio económico, comete este delito, pero no una estafa.

También debe diferenciarse la estafa informática del sabotaje digital o daño informático, previsto en el artículo 264 CP[16],

---

acceda o facilite a otro el acceso al conjunto o una parte de un sistema de información o se mantenga en él en contra de la voluntad de quien tenga el legítimo derecho a excluirlo, será castigado con pena de prisión de seis meses a dos años.
2. El que mediante la utilización de artificios o instrumentos técnicos, y sin estar debidamente autorizado, intercepte transmisiones no públicas de datos informáticos que se produzcan desde, hacia o dentro de un sistema de información, incluidas las emisiones electromagnéticas de los mismos, será castigado con una pena de prisión de tres meses a dos años o multa de tres a doce meses."

16 *"1. El que por cualquier medio, sin autorización y de manera grave borrase, dañase, deteriorase, alterase, suprimiese o hiciese inaccesibles datos informáticos, programas informáticos o documentos electrónicos ajenos, cuando el resultado producido fuera grave, será castigado con la pena de prisión de seis meses a tres años.*
2. Se impondrá una pena de prisión de dos a cinco años y multa del tanto al décuplo del perjuicio ocasionado, cuando en las conductas descritas concurra alguna de las siguientes circunstancias:
1.ª Se hubiese cometido en el marco de una organización criminal.
2.ª Haya ocasionado daños de especial gravedad o afectado a un número elevado de sistemas informáticos.
3.ª El hecho hubiera perjudicado gravemente el funcionamiento de servicios públicos esenciales o la provisión de bienes de primera necesidad.
4.ª Los hechos hayan afectado al sistema informático de una infraestructura crítica o se hubiera creado una situación de peligro grave para la seguridad del Estado, de la Unión Europea o de un Estado Miembro de la Unión Europea. A estos efectos se considerará infraestructura crítica un elemento, sistema o parte de este que sea esencial para el mantenimiento de funciones vitales de la sociedad, la salud, la seguridad, la protección y el bienestar económico

que castiga la destrucción, deterioro, alteración o supresión de datos informáticos, programas o documentos electrónicos. En estos supuestos, el bien jurídico protegido no es el patrimonio, sino la integridad de los sistemas informáticos o de la información contenida en ellos. Por tanto, un ataque de denegación de servicios (*DDoS*), si bien puede causar graves perjuicios económicos, no encajaría como estafa, salvo que conlleve engaño y perjuicio patrimonial.

Otra figura que requiere especial atención es la falsedad documental informática, regulada en los artículos 390 y siguientes del C.P, constituye una modalidad delictiva en la que el objeto material de la alteración no es un documento en soporte físico, sino un documento electrónico con aptitud para producir efectos jurídicos. La jurisprudencia[17] ha venido reiterando que el concepto de *documento* en el ámbito penal es amplio y abarca cualquier soporte que pueda recoger y acreditar un hecho con trascendencia jurídica, incluyendo los digitales, siempre que cumplan funciones de perpetuación, fe pública y aptitud probatoria. En este sentido, contratos electrónicos, facturas digitales o firmas electrónicas avanzadas pueden ser objeto de falsificación típica.

---

y social de la población cuya perturbación o destrucción tendría un impacto significativo al no poder mantener sus funciones.

5.ª El delito se haya cometido utilizando alguno de los medios a que se refiere el artículo 264 ter.

Si los hechos hubieran resultado de extrema gravedad, podrá imponerse la pena superior en grado.

3. Las penas previstas en los apartados anteriores se impondrán, en sus respectivos casos, en su mitad superior, cuando los hechos se hubieran cometido mediante la utilización ilícita de datos personales de otra persona para facilitarse el acceso al sistema informático o para ganarse la confianza de un tercero."

17 STS 300/2015, de 19 de mayo. Roj: STS 2047/2015–ECLI:ES:TS:2015:2047

Cuando el autor manipula un documento informático —alterando su contenido, simulando contratos inexistentes o falsificando una firma electrónica— y posteriormente lo emplea como instrumento para inducir a error a un tercero y obtener un desplazamiento patrimonial en su beneficio, nos encontramos ante la concurrencia de dos infracciones típicas: la falsedad documental y la estafa.

En estos casos, la relación entre ambas figuras no se resuelve mediante el principio de especialidad (art. 8.1 CP) ni de consunción, puesto que cada delito protege un bien jurídico distinto: la falsedad salvaguarda la seguridad y fe pública en las relaciones jurídicas, mientras que la estafa protege el patrimonio. La utilización del documento falso constituye un medio comisivo para la estafa, pero no agota el desvalor de la falsedad documental, que mantiene autonomía típica. Por ello, la jurisprudencia del Tribunal Supremo[18] ha establecido que nos hallamos ante un concurso real de delitos (art. 73 CP), en virtud del cual se imponen las penas correspondientes a cada uno de los delitos cometidos, acumuladas conforme a las reglas generales del concurso.

De este modo, el que fabrica o manipula un documento digital y lo emplea para defraudar a un tercero responde tanto por el delito de falsedad documental informática como por el de estafa, acumulando la responsabilidad penal derivada de ambas conductas.

En la misma línea, técnicas como el *phishing*, *pharming* o el uso de *malware* pueden dar lugar tanto a delitos de descubrimiento y revelación de secretos (art. 197 CP[19]) como a estafas

---

18 Entre otras, STS 211/2014, de 12 de marzo; STS 835/2013, de 4 de noviembre.

19 "*1. El que, para descubrir los secretos o vulnerar la intimidad de otro, sin su consentimiento, se apodere de sus papeles, cartas, mensajes de correo electrónico o cualesquiera otros documentos o efectos personales, intercepte sus*

informáticas, dependiendo de la finalidad y del resultado producido. Si el acceso a datos personales o bancarios deriva posteriormente en un uso fraudulento para realizar transferencias o compras, se configura una estafa; pero si el acceso es puramente lesivo de la intimidad, sin disposición patrimonial, estaríamos ante otro tipo penal.

El análisis funcional de estas conductas es esencial para determinar la correcta subsunción penal, lo determinante no es el instrumento tecnológico utilizado, sino la estructura típica que se logra construir: si hay engaño con efecto patrimonial, se trata de una estafa; si el perjuicio es a la confidencialidad o integridad de sistemas o datos, estaremos ante delitos informáticos propiamente dichos.

Debe destacarse que la delimitación entre estos delitos no es solo relevante a efectos académicos, sino que tiene importantes implicaciones procesales y punitivas. Por ejemplo, la estafa puede conllevar agravantes específicas si afecta a bienes

---

telecomunicaciones o utilice artificios técnicos de escucha, transmisión, grabación o reproducción del sonido o de la imagen, o de cualquier otra señal de comunicación, será castigado con las penas de prisión de uno a cuatro años y multa de doce a veinticuatro meses.
2. Las mismas penas se impondrán al que, sin estar autorizado, se apodere, utilice o modifique, en perjuicio de tercero, datos reservados de carácter personal o familiar de otro que se hallen registrados en ficheros o soportes informáticos, electrónicos o telemáticos, o en cualquier otro tipo de archivo o registro público o privado. Iguales penas se impondrán a quien, sin estar autorizado, acceda por cualquier medio a los mismos y a quien los altere o utilice en perjuicio del titular de los datos o de un tercero.
3. Se impondrá la pena de prisión de dos a cinco años si se difunden, revelan o ceden a terceros los datos o hechos descubiertos o las imágenes captadas a que se refieren los números anteriores.
Será castigado con las penas de prisión de uno a tres años y multa de doce a veinticuatro meses, el que, con conocimiento de su origen ilícito y sin haber tomado parte en su descubrimiento, realizare la conducta descrita en el párrafo anterior…"

de especial protección, como servicios públicos o estructuras críticas; o puede determinar la competencia de jurisdicciones especializadas en delitos económicos. La claridad en esta distinción también permite una respuesta penal más proporcional y adecuada a las exigencias del principio de intervención mínima.

2. Modalidades comisivas de la estafa digital

2.1. PHISHING, VISHING Y SMISHING COMO FRAUDES DE INGENIERÍA SOCIAL

Las estafas digitales han evolucionado conforme lo ha hecho la tecnología y, con ella, las formas de comunicación interpersonal. En este contexto, la ingeniería social se ha convertido en una de las estrategias más utilizadas para la comisión de estafas informáticas, aprovechando la confianza, el desconocimiento o la urgencia inducida en las víctimas para extraer datos sensibles o inducirlas a realizar transferencias patrimoniales. Entre estas técnicas destacan el *phishing, el vishing y el smishing,* cada una caracterizada por el canal de comunicación utilizado, pero todas con una misma estructura defraudatoria basada en la suplantación y el engaño personalizado.

2.1.1 El phishing

En el contexto de la ciberdelincuencia contemporánea, el *phishing* se ha consolidado como una de las formas más extendidas y sofisticadas de fraude digital. Su eficacia radica en la explotación de la confianza del usuario hacia entidades reconocidas, mediante la simulación de comunicaciones aparentemente legítimas. Desde una perspectiva penal, esta técnica no solo vulnera el patrimonio de las víctimas (persona), sino que también representa una amenaza para la integridad funcional de los sistemas informáticos de las entidades suplantadas, convirtiéndose así en una modalidad paradigmática de la estafa informática recogida en el artículo 248.2.a) del CP.

El *phishing* consiste, en su forma más común, en el envío masivo de correos electrónicos que aparentan proceder de bancos, empresas tecnológicas o instituciones públicas, con el objetivo de inducir al destinatario a revelar información confidencial como contraseñas, datos de tarjetas de crédito o credenciales de acceso a servicios financieros. Estos mensajes suelen incluir enlaces que redirigen a sitios web falsificados, diseñados con un nivel de detalle que reproduce casi de forma idéntica las plataformas auténticas, lo que confiere al engaño una apariencia de legitimidad extremadamente persuasiva.

El componente central del *phishing* es, sin duda, la simulación de autenticidad. La víctima, al no advertir el engaño, actúa bajo una falsa percepción de seguridad y ejecuta una disposición patrimonial viciada por error. Esta manipulación de la voluntad mediante el uso fraudulento de herramientas telemáticas se traduce en una forma indirecta de apoderamiento patrimonial, que cumple con los requisitos típicos exigidos por el tipo penal de estafa informática. El artículo 248.2.a) del C.P que sanciona a quien, con ánimo de lucro y valiéndose de alguna manipulación informática o "artificio semejante", obtenga una transferencia no consentida de activos patrimoniales en perjuicio de otro.

Desde la óptica doctrinal, el *phishing* ha sido caracterizado como una técnica de ingeniería social que combina elementos de fraude tradicional con medios digitales. En consecuencia, no solo se produce un engaño a la víctima, sino también una forma de intrusión indirecta en los sistemas informáticos de la entidad suplantada, cuya imagen, estructura web y canales de interacción son clonados sin autorización. Esta utilización indebida del entorno digital institucional genera un efecto de *contaminación reputacional* y pone en riesgo la integridad del tráfico jurídico-electrónico de la entidad afectada.

Aunque no se existe actualmente doctrina unificada sobre todos los matices del *phishing*, sí se ha acogido una interpretación amplia del concepto de "artificio semejante", como ya hemos visto, contenido en el artículo 248.2.a), entendiendo que incluye toda maniobra técnica o simulada que induzca a error al titular del bien jurídico protegido, incluso si no existe una manipulación directa del sistema informático, como sí ocurre en los accesos no autorizados o sabotajes de datos. Esta interpretación a mi juicio es necesaria para abordar las nuevas formas de criminalidad digital, en las que el instrumento delictivo principal ya no es la violencia física ni el engaño directo, sino el dominio del entorno tecnológico[20].

Desde un punto de vista probatorio, los delitos de *phishing* presentan desafíos importantes. La identificación del emisor del correo fraudulento requiere técnicas especializadas de rastreo IP, cooperación internacional —pues muchas veces los dominios se alojan en países terceros— y un análisis forense del tráfico de datos. La carga de la prueba en estos casos obliga al Ministerio Fiscal y las acusaciones particulares a demostrar no solo la existencia del engaño, sino también el nexo causal entre la maniobra fraudulenta y el perjuicio patrimonial experimentado por la víctima.

Además, el *phishing* plantea interrogantes en torno a la eventual responsabilidad civil de las entidades cuyos sistemas son suplantados. Aunque no media dolo por parte de estas instituciones, pueden surgir obligaciones indemnizatorias si se constata una deficiencia en las medidas de ciberseguridad, especialmente cuando los sitios web legítimos carecen de protocolos de autenticación reforzada o alertas antifraude, este aspecto será abordado en posteriores capítulos por su importancia en lo que se refiere a la posibilidad de la victima de recuperar sus activos por la vía de la reclamación civil a la entidad bancaria.

---

20 *Ob cit.*

En cuanto a su encuadre criminológico, el *phishing* representa un ejemplo de "ciberdelito de oportunidad", en el que el anonimato, la automatización y el bajo coste de ejecución permiten al autor operar a gran escala. Su capacidad para generar un elevado número de víctimas con un mínimo esfuerzo convierte esta técnica en una amenaza particularmente compleja desde el punto de vista de la política criminal.

El *phishing* no solo afecta el patrimonio de los particulares, sino que erosiona la confianza en el ecosistema digital y plantea importantes retos para el Derecho penal. Su tratamiento normativo debe conjugar una adecuada tipificación penal con medidas eficaces de prevención tecnológica y concienciación jurídica de los usuarios, lo que incluye la formación e información del usuario medio.

2.1.1.1 El *phishing*: preguntas clave

1. ¿Qué se entiende jurídicamente por *phishing*?

El *phishing* es una modalidad de fraude telemático que consiste en enviar comunicaciones (habitualmente correos electrónicos, pero también mensajes o formularios web) que simulan provenir de entidades legítimas —bancos, compañías de seguros, organismos públicos— con el propósito de engañar a los usuarios y obtener datos confidenciales, como claves de acceso o números de tarjetas bancarias. Su fin último es provocar una disposición patrimonial en perjuicio del usuario.

2. ¿Cuáles son los elementos típicos que permiten subsumir esta conducta en el Código Penal?

El *phishing* se subsume principalmente en el artículo 248.2.a) del CP, que tipifica como estafa informática las conductas que, con ánimo de lucro, y mediante manipulación informática o *artificio semejante*, provoquen una transferencia no consentida de activos patrimoniales.

Los elementos típicos son:

- Engaño bastante (apariencia de legitimidad del mensaje).
- Error en el destinatario (creencia de que actúa frente a una entidad real).
- Acto de disposición patrimonial (introducción de claves, autorización de operaciones).
- Perjuicio económico.
- Ánimo de lucro del autor.

3. ¿Por qué el *phishing* se considera una forma de estafa informática y no una estafa tradicional?

Porque el engaño no se produce mediante interacción personal, sino a través de medios tecnológicos. Además, no hay una voluntad libre y consciente de disponer del patrimonio en favor del autor, sino que la disposición se realiza en un entorno simulado, mediado por plataformas digitales falsificadas. El *phishing* no solo manipula la voluntad del sujeto pasivo, sino que además representa una afectación indirecta a la integridad de los sistemas informáticos que son suplantados visual y funcionalmente.

4. ¿Cómo opera el engaño en el *phishing*?

El autor envía mensajes diseñados para parecer legítimos, con logotipos reales, estructuras gráficas idénticas y lenguaje técnico convincente. Invita a la víctima a hacer clic en un enlace que dirige a un sitio web falsificado, donde esta introduce datos sensibles. La apariencia profesional de estos sitios refuerza la ilusión de autenticidad y disminuye la capacidad crítica del usuario.

5. ¿Qué relevancia tiene la apariencia de legitimidad en la calificación penal?

Es el núcleo del "engaño bastante", que exige el tipo penal. No se requiere que el engaño sea invencible, pero sí debe tener una apariencia suficiente para inducir a error a un usuario medio. El éxito del *phishing* se basa precisamente en esta verosimilitud visual y técnica, que permite cumplir el requisito típico del error determinante del acto de disposición patrimonial.

6. ¿El *phishing* afecta únicamente a la víctima directa o también a terceros?

Afecta a ambos. La víctima directa sufre el perjuicio patrimonial, pero la entidad suplantada sufre un daño reputacional, una afectación a la integridad de su identidad corporativa digital y eventualmente consecuencias legales si no ha implementado medidas de ciberseguridad adecuadas. El uso no autorizado de su imagen puede considerarse un uso fraudulento de sistemas o identidades tecnológicas ajenas.

7. ¿Qué dificultades presenta la persecución penal del *phishing*?

Las dificultadas más comunes en este tipo de delitos tienen que ver con la propia investigación e identificación del autor, así podemos señalar dificultades como:

- Identificación del autor (suelen usar IPs enmascaradas o servicios desde jurisdicciones extranjeras).
- Prueba del nexo causal entre el mensaje recibido y la disposición patrimonial.
- Volatilidad de los datos alojados en sitios fraudulentos.
- Necesidad de cooperación internacional para rastreo y bloqueo de servidores.

8. ¿Puede exigirse responsabilidad a la entidad financiera si el fraude se produce por medio del *phishing*?

Sí, pero no penal, salvo en casos excepcionales. La responsabilidad puede ser civil si se acredita negligencia en la implementación de medidas de seguridad razonables o si no se advierte adecuadamente a los clientes sobre los riesgos conocidos. En todo caso, la responsabilidad penal recae sobre quien ejecuta el engaño y se beneficia de la disposición patrimonial. Este aspecto por su importancia será abordado posteriormente.

9. ¿Qué diferencia hay entre el *phishing* y otras formas de fraude digital como el *vishing* o el *smishing*?

Esquemáticamente los podemos diferenciar de la siguiente forma:

- *Phishing*: fraude por correo electrónico o formulario web.
- *Vishing*: fraude por llamada telefónica con suplantación de identidad verbal.
- *Smishing*: fraude mediante SMS que incluyen enlaces maliciosos. Todas comparten el mismo fundamento típico: engaño bastante y desplazamiento patrimonial, aunque se diferencian por el medio técnico utilizado.

10. ¿Cómo puede el Derecho penal adaptarse mejor a este tipo de delitos?

Resulta imprescindible una actualización constante de los tipos penales, de modo que el legislador pueda incorporar de forma expresa las nuevas modalidades de artificios tecnológicos empleados por la delincuencia. Solo así se garantiza que el marco normativo mantenga su eficacia frente a fraudes cada vez más sofisticados y cambiantes. En paralelo, se hace necesario un refuerzo de los mecanismos de cooperación internacional, tanto entre autoridades judiciales como con los principales proveedores de servicios digitales, ya que la dimensión transnacional de estas conductas convierte en ineficaz cualquier respuesta puramente local. Ahora bien, esta expansión del ius puniendi no puede hacerse al margen de los principios rectores del Derecho penal: debe mantenerse la vigencia del principio de intervención mínima, reservando la sanción penal para los supuestos de mayor gravedad y sofisticación, como los casos de phishing masivo con elevado impacto económico o social, donde otros instrumentos jurídicos resultan claramente insuficientes.

2.1.2 El vishing

El *vishing*, término derivado de la fusión entre *voice* y *phishing*, constituye una de las formas más sofisticadas y recientes de fraude informático, al incorporar técnicas de ingeniería social, e inteligencia artificial, mediante el uso de llamadas telefónicas, ya sean automatizadas o realizadas por personas entrenadas para el engaño. A diferencia del *phishing* tradicional, que opera principalmente a través de correos electrónicos o mensajes fraudulentos, el *vishing* introduce una capa adicional de persuasión basada en la interacción oral directa, lo que incrementa su efectividad y dificulta su detección temprana.

Esta modalidad de estafa implica la suplantación de identidad de entidades legítimas —como personas, bancos, aseguradoras o administraciones públicas—, con el fin de inducir a la víctima a revelar información confidencial, autorizar transferencias económicas o instalar aplicaciones de control remoto que permiten la posterior extracción de datos o ejecución de operaciones financieras fraudulentas. El lenguaje empleado por los estafadores suele ser técnico, convincente y acompañado de un discurso alarmista o de urgencia, lo cual condiciona emocionalmente al interlocutor y reduce su capacidad crítica para identificar la naturaleza engañosa de la llamada.

Según Oxman[21], el *vishing* representa una evolución cualitativa en el repertorio delictivo vinculado a las estafas tecnológicas, caracterizado por una mayor capacidad de manipulación psicológica del sujeto pasivo y una notable sofisticación en la ejecución del engaño. A diferencia de otros fraudes que pueden dejar rastros digitales —como correos electrónicos, registros de IP o logs de conexión—, las llamadas telefónicas, especialmente cuando se realizan mediante técnicas de *caller ID spoofing*, no dejan registros fácilmente verificables ni en las operadoras ni en los dispositivos de los usuarios, lo que dificulta su trazabilidad y posterior investigación.

Desde una perspectiva jurídico-penal, el *vishing* puede subsumirse en el tipo de estafa informática regulado en el artículo 248.2.a) del CP. Uno de los principales retos que plantea el *vishing* es el probatorio. En el proceso penal, la prueba del engaño suele depender del testimonio de la víctima y de registros externos, como grabaciones de llamadas —cuando existen— o trazas digitales asociadas a las operaciones que siguieron a la interacción telefónica. Sin embargo, cuando las llamadas se realizan desde números ocultos, mediante servicios de voz sobre IP (VoIP), o con falsificación del número emisor (*spoofing*), la atribución de la llamada al autor material del fraude se torna extremadamente compleja. Ello genera un importante obstáculo para la imputación penal individualizada, así como para la acreditación del *dolo* del sujeto activo y la relación causal entre el engaño y el perjuicio patrimonial.

En cuanto al bien jurídico protegido, debe tenerse en cuenta que, conforme a la doctrina más reciente, la estafa informática tutela no solo el patrimonio en su acepción clásica, sino

---

21 *Ob Cit.*

también la confianza en los sistemas de comunicación y transacción electrónica, fundamentales en el contexto de la economía digital (Sánchez, 2009) [22]. Así, el *vishing* no solo vulnera la integridad del patrimonio de las víctimas, sino que también socava la seguridad y confianza en los mecanismos telemáticos empleados por las entidades legítimas, lo que incrementa su lesividad social y justifica una respuesta penal rigurosa.

Desde una óptica comparada, la legislación penal de otros países ha adoptado definiciones específicas para abordar las particularidades del *vishing*. En el Derecho penal europeo continental, por ejemplo, se tiende a conceptualizar estas conductas como variantes del fraude patrimonial cometido mediante uso indebido de medios de comunicación o suplantación digital de identidad, lo cual permite una mayor adaptabilidad del tipo penal a las realidades tecnológicas contemporáneas (Balmaceda, 2011)[23].

2.1.2.1 *Vishing:* preguntas clave

1. ¿Qué es el *vishing* y cómo se diferencia del *phishing* tradicional?

El *vishing* es una modalidad de estafa basada en el uso del teléfono como medio para engañar a la víctima. A diferencia del *phishing*, que emplea correos electrónicos o SMS fraudulentos, el *vishing* utiliza llamadas telefónicas —reales o automatizadas— en las que el delincuente simula ser un representante de una entidad confiable (banco, aseguradora, etc.) para obtener datos sensibles, realizar transferencias o instalar software de control remoto en el dispositivo de la víctima.

---

[22] *Ob Cit.*

[23] *Ob cit.*

2. ¿Puede el *vishing* considerarse un delito de estafa informática?

Sí. En nuestro ordenamiento penal, estas conductas pueden subsumirse en el tipo previsto en el artículo 248.2.a) del CP, que castiga las manipulaciones informáticas o artificios semejantes que produzcan un desplazamiento patrimonial. El *vishing*, aunque no implique directamente una manipulación del sistema informático, puede constituir un "*artificio semejante*" según la interpretación extensiva que hemos explicado en capítulos anteriores.

3. ¿Cuál es el bien jurídico protegido en estos casos?

El bien jurídico principal es el patrimonio, entendido no solo como conjunto de bienes materiales, sino también como derecho del individuo a conservar su posición económica. Adicionalmente, se protege la confianza en los sistemas de comunicación y transacción telemática, esenciales en el marco de la sociedad digital.

4. ¿Qué elementos típicos se requieren para que el *vishing* sea punible como estafa?

- Ánimo de lucro del autor.
- Engaño bastante, es decir, un acto de manipulación que induzca en error a la víctima.
- Acto de disposición patrimonial por parte de la víctima o un tercero engañado.
- Perjuicio económico real o potencial. En el *vishing*, el engaño se configura a través de la voz: el emisor simula la identidad y crea una urgencia falsa para inducir a la acción (por ejemplo, autorizar un pago o proporcionar una clave bancaria).

5. ¿Cuáles son las dificultades probatorias específicas del *vishing*?

Este delito presenta problemas técnicos y procesales relevantes:

- Las llamadas suelen realizarse mediante servicios de voz sobre IP (VoIP) o suplantación de número (*caller ID spoofing*), dificultando la identificación del autor.
- No siempre existen grabaciones o registros disponibles en los dispositivos afectados.
- El testimonio de la víctima puede ser la única fuente de prueba directa, lo que obliga a valorar con especial rigor su credibilidad y la corroboración periférica.

6. ¿Qué relevancia tiene la jurisprudencia reciente en esta materia?

La jurisprudencia española ha adoptado una interpretación amplia y funcional del concepto de "artificio semejante". En la STS 838/2023, el Tribunal Supremo admitió que no todo artificio debe ser puramente informático; basta con que tenga capacidad defraudatoria suficiente, como ocurre en el *vishing*. Se busca evitar dejar impunes maniobras igualmente engañosas que utilizan medios tecnológicos modernos.

7. ¿Cuál es la posición de la doctrina penal europea sobre este fenómeno?

Autores como Balmaceda sostienen que el *vishing*, en tanto forma de "defraudación patrimonial facilitada por medios tecnológicos", debe integrarse dentro del espectro de la estafa informática, aunque su mecanismo no implique hackeo directo de sistemas. En el Derecho penal europeo continental, se tiende a ampliar el concepto de *fraude informático* para abarcar conductas como esta, por su impacto económico y alta lesividad social.

8. ¿Qué medidas legales y preventivas se sugieren para enfrentar el *vishing*?

- Reformas legislativas que actualicen los tipos penales conforme a las nuevas modalidades de fraude.
- Fortalecimiento de los mecanismos de cooperación internacional, dada la transnacionalidad del fenómeno.
- Obligación de registro y trazabilidad de llamadas sospechosas por parte de los operadores.
- Campañas de sensibilización jurídica dirigidas a usuarios y operadores financieros, alertando sobre estas prácticas.

9. ¿Puede la instalación de aplicaciones de control remoto a través de *vishing* configurar un delito adicional?

Sí. La inducción a instalar software de acceso remoto que permite el control del dispositivo podría dar lugar a delitos de acceso no autorizado a sistemas informáticos (art. 197 ter CP), o incluso de daños informáticos si se alteran datos o se interrumpe el funcionamiento del sistema.

10. ¿Cómo puede el jurista contribuir a la lucha contra el *vishing*?

El jurista debe entender y fomentar para poder contribuir eficazmente a la defensa de los intereses de sus clientes víctimas de este delito a:

- Interpretar la norma penal de manera evolutiva, adaptándola al entorno digital, en consecuencia, manteniéndose formado y actualizado en este campo.
- Promover la tipificación adecuada y proporcional de estas conductas en sede judicial.

- Defender garantías procesales incluso ante delitos con difícil acervo probatorio.
- Colaborar interdisciplinariamente con técnicos, informáticos, policías y jueces para perfeccionar el abordaje integral del fenómeno que está en constante evolución.

2.1.3 El smishing

Dentro del espectro de fraudes tecnológicos contemporáneos, el *smishing* representa una evolución directa del *phishing*, adaptada al entorno de la telefonía móvil. El término proviene de la contracción entre "SMS" y "*phishing*", y hace referencia a las campañas de fraude que utilizan mensajes de texto para inducir al receptor a ejecutar una acción perjudicial, generalmente a través de enlaces maliciosos o llamadas a números falsamente legítimos. Esta técnica ha cobrado especial relevancia en la última década debido al incremento del uso de smartphones como herramienta principal de acceso a servicios financieros, redes sociales y canales de autenticación.

En su manifestación más común, el *smishing* se presenta como un mensaje corto que aparenta provenir de una entidad bancaria, una empresa de paquetería, una plataforma gubernamental o incluso un proveedor de servicios digitales. El mensaje suele estar redactado con un lenguaje que genera urgencia o preocupación —por ejemplo, alertando sobre un acceso sospechoso a la cuenta bancaria, un paquete retenido o una deuda vencida— y contiene un enlace para "verificar" la información. Este enlace conduce a una página web falsificada que simula la interfaz legítima de la entidad mencionada, donde se solicita a la víctima que introduzca datos personales o financieros.

El engaño se consuma cuando el usuario, confiado por la supuesta legitimidad del remitente, facilita credenciales que posteriormente son utilizadas por el autor para ejecutar operaciones fraudulentas, como transferencias bancarias, compras en línea o suplantaciones de identidad. Como en el *phishing*, el acto de la víctima se considera una disposición patrimonial viciada por error, subsumible en el tipo penal de estafa informática recogido en el artículo 248.2.a) del CP.

En el caso del *smishing*, el mensaje de texto con apariencia legítima constituye ese "artificio semejante" necesario para configurar la conducta típica. No es necesario que el autor manipule directamente un sistema informático para que la conducta sea típica, sino que basta con que utilice medios tecnológicos para engañar a la víctima y provocar el perjuicio económico subsiguiente.

La principal peculiaridad del *smishing* frente a otras formas de fraude digital es el uso del canal de mensajería corta, históricamente considerado como un medio de comunicación personal e inmediato. Esta cercanía subjetiva confiere mayor credibilidad al mensaje, especialmente en contextos donde la víctima ya ha recibido anteriormente notificaciones reales de su banco u operadora mediante ese mismo canal. En este sentido, la técnica del *smishing* se basa en la manipulación de la percepción de confianza depositada en el canal más que en el contenido en sí.

Un aspecto relevante es que muchas de estas campañas aprovechan vulnerabilidades técnicas conocidas como *SMS spoofing*, que permiten falsificar el identificador del remitente para hacer que el mensaje parezca provenir de un número real asociado a la entidad suplantada. De este modo, el mensaje puede aparecer en el mismo hilo de conversación donde anteriormente se recibieron mensajes legítimos de, por ejemplo, una entidad bancaria. Esta práctica incrementa notablemente la eficacia del engaño y la probabilidad de error por parte del destinatario.

Desde la perspectiva probatoria, los casos de *smishing* presentan múltiples dificultades. El rastro digital de un SMS es efímero; si no es conservado por la víctima o por el operador de red, resulta difícil recuperar la prueba original. Además, los enlaces incrustados en los mensajes suelen estar vinculados a dominios de corta duración (*short-lived domains*), eliminados pocas horas después del ataque, lo que dificulta su análisis forense. La identificación del autor también enfrenta obstáculos derivados de la utilización de servicios de mensajería internacional, tarjetas SIM desechables y servidores de red ubicados fuera de la jurisdicción española.

La doctrina penal también ha reflexionado sobre el posible impacto del *smishing* en bienes jurídicos colectivos, como la confianza en los sistemas de telecomunicaciones, además del bien jurídico patrimonial tradicionalmente protegido por el delito de estafa. Tal como señala Balmaceda[24], estas nuevas formas de fraude no solo afectan al sujeto pasivo del delito, sino que generan un entorno de desconfianza generalizada hacia los sistemas digitales que sustentan la economía digital y los servicios públicos.

Algunos países han propuesto reformas para introducir tipos penales específicos relacionados con la suplantación de canales de comunicación, mientras que en el plano técnico se recomienda a las entidades implementar sistemas de autenticación multifactor, mensajes cifrados y campañas activas de concienciación ciudadana sobre fraudes móviles. El *smishing* constituye una modalidad de estafa informática altamente eficaz, con bajo coste de ejecución y gran alcance, que aprovecha la confianza depositada en el canal móvil.

---

24 *Idem.*

2.1.3.1 El *smishing*: preguntas clave

1. ¿Qué es el smishing y cómo se diferencia del phishing?

El *smishing* es una modalidad de estafa informática que utiliza mensajes de texto (SMS) enviados a teléfonos móviles como medio para inducir al receptor a realizar una acción perjudicial para su patrimonio. Su nombre es una combinación de "SMS" y "phishing". A diferencia del *phishing*, que opera mediante correos electrónicos, el *smishing* se vale de la inmediatez y percepción de confianza asociadas a los mensajes cortos móviles. Ambos persiguen el mismo fin: engañar para obtener información confidencial o acceso a recursos financieros.

2. ¿Qué técnica utiliza el smishing para lograr el engaño?

El engaño se basa en el envío de mensajes falsos que simulan provenir de entidades bancarias, plataformas de pago, empresas de paquetería o instituciones públicas. Estos SMS suelen incluir un enlace o número de contacto que dirige a una página web fraudulenta o a un centro de atención falso. A través de estas vías, el usuario es inducido a introducir credenciales o información financiera sensible.

3. ¿Cómo se subsume el smishing en el Código Penal español?

La conducta encaja en el artículo 248.2.a) del CP, que tipifica la estafa informática. En el *smishing*, el "artificio semejante" es el mensaje fraudulento que induce al error. El acto de la víctima (introducción de datos o confirmación de operaciones) constituye una disposición patrimonial viciada por engaño, y el perjuicio materializa la consumación típica.

4. ¿Por qué se considera una estafa informática y no una estafa tradicional?

Porque el medio comisivo empleado no es una interacción personal directa, sino un canal tecnológico (SMS). Según la doctrina, el elemento distintivo es la mediación de sistemas informáticos y telemáticos que hacen viable el fraude a través de medios automatizados o masivos, lo cual desplaza su tratamiento a la esfera de la estafa informática.

5. ¿Cuál es el bien jurídico protegido en el smishing?

El bien jurídico principal es el patrimonio del sujeto pasivo. No obstante, estas formas de fraude digital también resulta lesionada la confianza en los sistemas de telecomunicaciones y en las relaciones electrónicas que configuran el tráfico jurídico moderno. Así, el *smishing* lesiona simultáneamente un bien jurídico individual y un interés colectivo.

6. ¿Qué características hacen al smishing especialmente lesivo o efectivo?

- Inmediatez y brevedad del canal SMS, que disminuye el umbral de sospecha del receptor.
- Apariencia de legitimidad: los delincuentes pueden emplear *SMS spoofing*, técnica que permite hacer que el mensaje parezca provenir del mismo hilo que otras comunicaciones legítimas.
- Uso de lenguaje urgente o alarmante: genera decisiones rápidas y poco reflexivas.

7. ¿Qué dificultades presenta el smishing desde el punto de vista probatorio?

Varias:

- Los SMS no siempre son conservados o recuperables.

- Los enlaces dirigidos a sitios falsos suelen ser efímeros y alojados en servidores de jurisdicciones fuera de la UE.
- La identificación del emisor requiere cooperación internacional.
- La prueba del dolo exige reconstruir cómo el mensaje indujo al error y si existió ánimo de lucro.

8. ¿Existe responsabilidad penal de las entidades cuya imagen es falsificada?

No, salvo que haya connivencia o cooperación dolosa, lo cual es muy raro. Sin embargo, pueden surgir responsabilidades civiles o administrativas, si se demuestra que no adoptaron medidas razonables de ciberseguridad o no alertaron adecuadamente a los usuarios sobre riesgos conocidos.

9. ¿Puede haber agravantes o modalidades agravadas del *smishing*?

Sí. Cuando se dirige contra una pluralidad de víctimas, personas vulnerables (por edad o capacidad), o se emplean datos personales previamente sustraídos, podría aplicarse el artículo 250 CP. Asimismo, si se comete en el marco de una organización criminal dedicada al fraude sistemático, se integrarían agravantes por pluralidad, continuidad delictiva o pertenencia a grupo estructurado.

10. ¿Qué medidas preventivas se recomiendan para combatir el smishing desde la perspectiva jurídica?

- Fortalecimiento normativo mediante tipos penales más precisos para la suplantación digital.
- Impulso de la cooperación jurídica internacional en el rastreo de telecomunicaciones.

- Promoción de campañas institucionales de alerta ciudadana sobre fraudes móviles.
- Obligación legal para operadores y bancos de implementar dobles factores de autenticación y alertas antifraude.

2.2. PHARMING, SPOOFING Y MALWARE FINANCIERO

2.2.1 Pharming

El fenómeno del *pharming* representa una de las variantes más sofisticadas de fraude informático dentro del actual ecosistema delictivo digital. A diferencia del conocido *phishing*, donde el engaño depende de una interacción directa con la víctima —usualmente a través de un correo electrónico fraudulento o un enlace manipulado—, el *pharming* opera mediante una alteración técnica de la resolución de nombres de dominio (DNS[25]), con el objetivo de redirigir al usuario hacia un

[25] El DNS (Domain Name System) es un sistema técnico esencial para el funcionamiento de Internet que actúa como un registro de correspondencia entre direcciones comprensibles para las personas (los nombres de dominio, como www.ejemplo.es) y las direcciones comprensibles para las máquinas (las direcciones IP, por ejemplo 192.168.1.1 o en formato IPv6 2001:db8::1).
En términos jurídicos, puede entenderse como una infraestructura de traducción, sin la cual el tráfico en la red resultaría prácticamente inutilizable para el ciudadano medio. Así como el Registro de la Propiedad asocia un inmueble con un titular registral, el DNS asocia un nombre legible con su ubicación técnica en la red.
Su funcionamiento se basa en una estructura jerárquica y distribuida: en la cúspide están los servidores raíz (root servers), que derivan las consultas a servidores de primer nivel (.es, .com, .org), y desde allí a los servidores autorizados de cada dominio concreto. Cuando un usuario escribe una dirección en el navegador, el DNS traduce esa petición hasta encontrar la dirección IP real del servidor que aloja el contenido.

sitio web falsificado, aunque este introduzca correctamente la dirección original en su navegador. Esta característica lo convierte en una técnica de engaño particularmente peligrosa, ya que el usuario no tiene indicios visuales ni funcionales que le alerten sobre la manipulación que sufre.

En su ejecución práctica, el *pharming* puede realizarse mediante dos vías: a través de una infección local en el equipo de la víctima o mediante una intervención remota sobre los servidores DNS del proveedor de Internet. En el primer caso, los atacantes insertan malware o modifican el archivo "hosts[26]" del sistema operativo del usuario, alterando la dirección a la que apunta una determinada URL. En el segundo, más sofisticado y potencialmente masivo, la alteración afecta directamente al servidor que traduce las direcciones IP, permitiendo desviar a un número indeterminado de usuarios hacia réplicas fraudulentas de páginas web, especialmente de banca en línea o portales institucionales.

Lo relevante desde la perspectiva jurídico-penal es que, aunque la víctima actúe con la diligencia media —introduciendo manualmente la dirección legítima de su banco—, será conducida sin su conocimiento a una plataforma falsificada, creada con una fidelidad visual que impide percibir el fraude. Una vez en esa página, el usuario introduce sus credenciales bancarias

---

26 El archivo "hosts" es un fichero de configuración presente en todos los sistemas operativos (Windows, macOS, Linux, etc.) que actúa como un registro local de correspondencia entre nombres de dominio y direcciones IP. Puede entenderse como una agenda privada de equivalencias, que el sistema consulta antes de recurrir al DNS.
En la práctica, cuando el usuario escribe en su navegador un nombre de dominio (por ejemplo, www.ejemplo.es), el sistema operativo primero revisa el archivo hosts para ver si ya tiene asignada una dirección IP para ese dominio. Si la encuentra, utiliza esa información y no consulta al DNS. Si no la encuentra, entonces recurre al sistema DNS global.

o personales creyendo que está interactuando con su entidad real. Los datos son captados en tiempo real por el autor del fraude, quien puede utilizarlos para realizar operaciones bancarias no autorizadas, transferencias, compras o incluso vaciar cuentas mediante sistemas automatizados.

El *pharming* se encuadra sin dificultad en el tipo penal previsto en el artículo 248.2.a) del C.P, que sanciona como ya sabemos a quienes, con ánimo de lucro y mediante manipulación informática o artificio semejante, provoquen una transferencia patrimonial no consentida en perjuicio de otro. Aunque el engaño en este caso no provenga de un contacto comunicativo directo —como ocurre en el *phishing* o el *vishing*—, se interpreta incluyendo en su radio de acción aquellas técnicas que, mediante la alteración de medios informáticos, inducen en la víctima una falsa percepción de realidad que condiciona su conducta patrimonial.

Lo característico del *pharming* es que desplaza el engaño desde el plano comunicacional hacia el plano técnico. No es necesario que el autor se relacione con la víctima, ni siquiera que esta reciba un mensaje fraudulento. Basta con que exista una manipulación previa del entorno digital en el que se desenvuelve la víctima —por ejemplo, una red comprometida o un navegador intervenido— para que la maniobra delictiva se ponga en marcha.

Desde el punto de vista del dolo, no hay duda de que el autor del *pharming* actúa con plena conciencia de la alteración técnica que ejecuta y con el propósito de obtener un beneficio patrimonial ilícito. La víctima, por su parte, actúa convencida de que está accediendo a su entorno bancario habitual y realiza actos dispositivos de contenido económico, como introducir claves, autorizar operaciones o confirmar transferencias. El perjuicio patrimonial se consuma en el momento en que se produce el acceso no autorizado y se materializa la salida de fondos o la pérdida de control sobre datos financieros.

Uno de los grandes retos del *pharming* es su detección y prueba. La alteración de DNS puede ser efímera, durar minutos u horas, y estar alojada en servidores situados fuera de la jurisdicción nacional. Además, el rastro digital puede desaparecer si no se activan mecanismos de captura y auditoría en tiempo real. Por tanto, las investigaciones exigen un alto grado de especialización técnica, cooperación internacional y diligencia en la preservación de la evidencia digital. Asimismo, se han documentado ataques de *pharming* en los que los delincuentes no solo capturan datos, sino que los utilizan de forma automatizada, mediante *bots*, para efectuar operaciones de vaciado inmediato de cuentas, lo que agrava la lesividad del tipo y acelera la consumación del delito.

Desde el ámbito criminológico, el *pharming* representa un ejemplo de desplazamiento del delito hacia estructuras de poder técnico. El delincuente ya no necesita persuadir al usuario con habilidades retóricas: le basta con manipular el medio digital que mediatiza la conducta del sujeto. Esta capacidad de invisibilización del fraude refuerza su eficacia, pero también su peligrosidad sistémica, ya que compromete la confianza generalizada en los mecanismos de autenticación digital y en la infraestructura de comunicaciones electrónicas.

El *pharming* configura una forma avanzada de estafa informática, caracterizada por el uso de conocimientos técnicos profundos para redirigir al usuario sin su consentimiento hacia escenarios falsificados de interacción digital. Su tipicidad penal está clara; su desafío está en la detección, acreditación probatoria y en la implementación de mecanismos normativos y técnicos que limiten su impacto. Las medidas preventivas —como el uso de sistemas de verificación de dos factores, certificados SSL auténticos[27] o alertas de seguridad

---

[27] Un certificado SSL auténtico (también llamado certificado TLS, por la versión actual del protocolo) es un documento digital emitido por

en tiempo real— resultan hoy imprescindibles tanto para operadores económicos como para el sistema penal.

2.2.1.1 Pharming: preguntas clave

1. ¿Qué es el *pharming* en el contexto jurídico penal?

El *pharming* es una modalidad de fraude informático que consiste en redirigir al usuario desde un sitio web legítimo hacia una réplica fraudulenta, sin que medie acción consciente por parte de la víctima. Esta redirección se produce mediante la manipulación del sistema de resolución de nombres de dominio (DNS) o de archivos locales del sistema operativo, provocando que, al introducir una dirección web real, el navegador cargue en su lugar un sitio clonado que simula ser el original.

---

una autoridad de certificación reconocida (CA) que cumple con estándares internacionales de confianza y verificación de identidad. Su función es doble: A. Cifrado de la comunicación: permite que los datos transmitidos entre el navegador del usuario y el servidor web viajen en forma encriptada, de manera que no puedan ser interceptados o manipulados por terceros (ataques de man-in-the-middle). B. Autenticación de la identidad del sitio web: garantiza que el dominio al que accede el usuario está realmente gestionado por la entidad que dice ser su titular, reduciendo el riesgo de suplantación (spoofing o phishing).
Un certificado es considerado auténtico cuando ha sido emitido por una CA confiable y reconocida dentro de los navegadores y sistemas operativos, tras un proceso de verificación que puede incluir: 1. La mera validación de dominio (DV, Domain Validation), suficiente para comprobar que el solicitante controla la dirección web. 2. La validación de organización (OV, Organization Validation), donde además se verifica la existencia y legitimidad de la persona jurídica solicitante. 3. La validación extendida (EV, Extended Validation), que exige comprobaciones exhaustivas y muestra en el navegador datos de la empresa titular.

2. ¿Cuál es el objetivo del autor en un ataque de *pharming*?

El fin del atacante es capturar datos confidenciales del usuario —como credenciales bancarias, contraseñas o números de tarjeta de crédito— en un entorno falsificado que aparenta autenticidad. Estos datos son luego utilizados para ejecutar operaciones no autorizadas o transferencias económicas que constituyen una disposición patrimonial en perjuicio del titular.

3. ¿En qué se diferencia el *pharming* del *phishing*?

A diferencia del *phishing*, que requiere una acción del usuario (como hacer clic en un enlace recibido por correo electrónico o SMS), el *pharming* se produce de manera automática y silenciosa. El usuario escribe correctamente la URL de su banco o proveedor de servicios, pero es redirigido sin saberlo a un portal falso, lo que convierte al *pharming* en una técnica más difícil de detectar y más peligrosa desde el punto de vista probatorio.

4. ¿Cómo se subsume penalmente el *pharming* en el ordenamiento jurídico español?

El *pharming* encaja en el artículo 248.2.a) del C.P, que contempla la estafa informática. Esta norma sanciona a quien, con ánimo de lucro y valiéndose de manipulación informática o de un artificio semejante, obtenga una transferencia no consentida de activos patrimoniales. En el *pharming*, el engaño se articula a través de una alteración técnica que crea un entorno simulado que induce al error y provoca una disposición económica.

5. ¿Hay engaño penalmente relevante aunque la víctima no sea consciente?

Sí. El engaño, en términos penales, no requiere una interacción verbal o textual directa con el sujeto pasivo. Basta con que exista una alteración del entorno técnico que produzca una falsa percepción de autenticidad y que dicha percepción sea determinante de la disposición patrimonial. Como han señalado diversos autores, el *engaño técnico* es plenamente subsumible en la categoría de artificio delictivo.

6. ¿Cuál es el bien jurídico protegido en el *pharming*?

El bien jurídico principal es el patrimonio de la víctima. Sin embargo, se ha argumentado también la afectación a bienes jurídicos colectivos, como la confianza en el tráfico electrónico, la integridad de los sistemas de comunicación y la fiabilidad de las plataformas digitales.

7. ¿Qué elementos típicos deben concurrir para considerar típica esta conducta?

Para que el *pharming* sea típico, deben confluir los siguientes elementos:

- Un acto de manipulación técnica que altere la resolución DNS o el sistema de acceso.
- Un entorno digital falsificado con apariencia legítima.
- Una disposición patrimonial por parte de la víctima viciada por error.
- Un perjuicio económico cierto.
- La existencia de dolo y ánimo de lucro en el autor.

8. ¿Qué dificultades probatorias existen en los casos de *pharming*?

Las principales dificultades son:

- La manipulación es invisible para el usuario, lo que dificulta la prueba del engaño.

- Los servidores maliciosos suelen estar alojados fuera del territorio nacional, lo que exige cooperación internacional.
- El rastro digital puede desaparecer rápidamente si no se adoptan medidas inmediatas de conservación de evidencia.

9. ¿El uso de malware para modificar el archivo "hosts" o los DNS es agravante?

No constituye una agravante per se, pero puede ser indicio de especial profesionalidad o de que la conducta se ha desarrollado como parte de una organización criminal, lo que permitiría aplicar el artículo 250.1. 6.ª CP (abuso de credibilidad empresarial o profesional) o, en su caso, el artículo 570 bis CP si se constata la existencia de una estructura organizada.

10. ¿Qué medidas jurídicas y técnicas se recomiendan para prevenir el *pharming*?

Desde el plano técnico, deben implementarse:

- Certificados digitales y verificación HTTPS.
- Autenticación de dos factores en operaciones sensibles.
- Herramientas de detección de manipulación DNS y navegación segura. Desde el punto de vista jurídico, se promueve:
- Formación continua en operadores jurídicos.
- Revisión periódica de la legislación penal tecnológica.
- Fortalecimiento de la cooperación transfronteriza en materia de cibercrimen.

2.2.2 El Spoofing

En el ámbito de los delitos cometidos mediante el uso de tecnologías de la información, el fenómeno del *spoofing* representa una de las manifestaciones más versátiles y sofisticadas de la criminalidad informática contemporánea. El término proviene del verbo inglés "to spoof", que puede traducirse como "engañar", "falsear" o "imitar con fines de burla o manipulación", y en el contexto digital hace referencia a la suplantación fraudulenta de identidad o de datos electrónicos con el fin de inducir a error a un sistema, a una red o a una persona física que interactúa con ellos. Su naturaleza multifacética le permite operar en distintos niveles técnicos y comunicativos, desde la falsificación de direcciones IP y correos electrónicos hasta la clonación de perfiles de redes sociales o la manipulación de señales de geolocalización.

En su forma más habitual, el *spoofing* se presenta como una táctica instrumental previa al desarrollo de otros delitos principales, como la estafa informática, el acceso ilícito a sistemas, o el espionaje electrónico. Por ejemplo, en el *email spoofing*, el autor envía correos electrónicos falsificando la dirección del remitente para que parezca que provienen de una fuente legítima (un banco, una empresa conocida o un organismo oficial). La víctima, al confiar en el remitente, puede abrir enlaces maliciosos, descargar archivos infectados o facilitar datos confidenciales. Este engaño, puramente técnico en su origen, provoca una conducta dispositiva en la víctima que genera un perjuicio económico o a nivel de información, comprometiendo datos de carácter personal.

Otra modalidad es el *IP spoofing*, mediante el cual un atacante manipula los encabezados de paquetes de datos para hacer creer al sistema receptor que estos provienen de una dirección IP distinta a la real. Esta técnica es usada en ataques de denegación de servicio (DDoS)[28] o para eludir controles

---

[28] El IP spoofing consiste en la manipulación de la dirección IP de origen en los paquetes de datos enviados a través de una red, de modo que el sistema receptor crea que proceden de un remitente legítimo cuando en realidad no es así. Su principal uso delictivo se

de acceso. El *caller ID spoofing* reproduce la misma lógica, pero aplicada al sistema de identificación de llamadas telefónicas, permitiendo al estafador realizar llamadas que aparentan proceder de números oficiales o institucionales. Así, el *spoofing* es, más que una figura delictiva autónoma, una técnica de engaño adaptable a distintas estructuras delictivas, y que pone de relieve la creciente complejidad de los medios mediante los cuales se ejecuta el fraude digital en el siglo XXI sobre todo con el surgimiento de herramientas basadas en inteligencia artificial.

Desde la perspectiva penal, el desafío reside en determinar si el *spoofing* puede ser tratado como una conducta típica autónoma o si, por el contrario, debe subsumirse como modalidad comisiva de otros delitos ya contemplados en el Código Penal. En general, el *spoofing* funciona como mecanismo de engaño instrumental al servicio de delitos patrimoniales, particularmente la estafa informática del artículo 248.2.a) CP. En estos casos, el *spoofing* es el mecanismo que materializa el engaño bastante que exige el tipo penal. El falso remitente o número clonado provoca en la víctima una confianza errónea que determina su comportamiento económico.

Como hemos explicado a lo largo de este trabajo ya no se trata exclusivamente de simular hechos, sino también de simular entornos, identidades o canales de comunicación. Estos artificios no necesitan ser narrativos o verbales, pues en el contexto digital el engaño se produce muchas veces por la manipulación

---

da en los ataques de denegación de servicio distribuida (DDoS), donde el atacante satura un servidor o servicio digital mediante un gran volumen de solicitudes fraudulentas, ocultando además su verdadera identidad. Jurídicamente, esta técnica se vincula con conductas de acceso ilícito, sabotaje informático y falsedad en datos electrónicos, reguladas en los arts. 197 ter, 264 y 390 y ss. del Código Penal.

técnica de la información o de su apariencia, sin que la víctima sea plenamente consciente del fraude hasta que se materializa el perjuicio.

Además de su encaje en la estafa informática, algunas modalidades de *spoofing* pueden subsumirse en los delitos de falsificación documental si se considera que la manipulación de encabezados digitales o direcciones electrónicas puede equipararse a la creación de documentos falsos en soporte electrónico. El artículo 390 CP prevé penas para quien, falsifique un documento público, oficial o mercantil, y la doctrina ha ido admitiendo que determinados elementos digitales —como cabeceras de correos, firmas electrónicas o identificadores de red— pueden adquirir fuerza probatoria equiparable a documentos convencionales. En consecuencia, la alteración o simulación fraudulenta de estos elementos podría configurar una falsedad documental informática.

La legislación penal también puede abordar ciertos casos de *spoofing* desde el prisma del acceso no autorizado a sistemas o redes, tipificado en el artículo 197 bis CP, especialmente cuando la suplantación se utiliza para eludir autenticaciones y acceder a sistemas cerrados o protegidos. Por otra parte, si el *spoofing* se utiliza para provocar daños o impedir el funcionamiento normal de sistemas informáticos —como en los ataques DDoS— podría concurrir el tipo penal de daños informáticos del artículo 264 CP.

No obstante, el *spoofing* plantea desafíos adicionales en el terreno probatorio, la suplantación técnica de identidades puede dificultar la identificación del autor real, especialmente si se han utilizado redes privadas virtuales (VPN), proxies o sistemas de anonimización como Tor. En muchos casos, la prueba depende de análisis forenses complejos de encabezados digitales, trazado de paquetes de red y reconstrucción del flujo de datos a través de registros de servidores o prestadores de servicios electrónicos.

Desde un punto de vista criminológico, el *spoofing* representa una expresión paradigmática del desplazamiento de la capacidad defraudadora desde la palabra al código. El delincuente ya no necesita elaborar un relato convincente, sino manipular la arquitectura digital para inducir error. Es una técnica que se aprovecha del principio de automatización y confianza que rige el tráfico electrónico: los sistemas y las personas confían en que los datos que reciben reflejan la realidad, sin verificar su autenticidad en cada operación.

El *spoofing* es una técnica versátil y transversal en el ámbito de la ciberdelincuencia, que permite articular engaños de alto impacto con una apariencia de legitimidad extremadamente convincente. Su tratamiento penal debe abordarse desde una lógica sistémica e interdisciplinaria, reconociendo que no siempre encaja en tipos autónomos, pero sí actúa como medio comisivo esencial para la realización de numerosos delitos patrimoniales y contra la seguridad informática.

2.2.2.1 El Spoofing: preguntas clave

1. ¿Qué es el spoofing en el ámbito penal digital?

El *spoofing* es una técnica de suplantación digital mediante la cual un ciberdelincuente manipula datos electrónicos —como una dirección IP, un correo electrónico, un número de teléfono o una identidad en línea— para aparentar que la comunicación o el acceso proviene de una fuente legítima y confiable. Esta técnica tiene como objetivo engañar a sistemas automáticos o a personas para obtener información, ejecutar fraudes o acceder ilícitamente a recursos digitales protegidos.

2. ¿Es el spoofing en sí mismo un delito en el Código Penal español?

El *spoofing* no se encuentra tipificado como un delito autónomo, pero constituye un medio comisivo típico de diversos delitos tecnológicos. Según el contexto, puede integrar la estafa informática del artículo 248.2.a) CP, el acceso ilícito a sistemas del artículo 197 bis CP, los daños informáticos del artículo 264 CP o incluso los delitos de falsedad documental en su modalidad electrónica si se manipulan elementos de autenticación digital con efectos jurídicos.

3. ¿Qué ejemplos prácticos de spoofing tienen relevancia penal?

Algunos de los casos más frecuentes incluyen:

- *Email spoofing*: suplantación del remitente de un correo electrónico que aparenta ser de una entidad legítima (banco, administración, proveedor de servicios), con el fin de inducir al receptor a facilitar datos o realizar una acción perjudicial.
- *Caller ID spoofing*: llamadas telefónicas que aparentan proceder de números oficiales (como el de una comisaría, banco o empresa) para persuadir a la víctima de facilitar información sensible.
- *IP spoofing*: alteración de la dirección IP de un dispositivo para eludir medidas de autenticación o para lanzar ataques de denegación de servicio (DDoS).

4. ¿Puede considerarse el spoofing una forma de estafa informática?

Sí. Si mediante la suplantación se induce a la víctima a ejecutar un acto de disposición patrimonial basado en un error provocado por un entorno falsificado, se configura la estafa informática del artículo 248.2.a) CP. El *spoofing* actúa como "artificio semejante" o manipulación técnica que sustituye al engaño clásico. Lo esencial es que genere error suficiente y derive en un perjuicio económico.

5. ¿Cómo se valora jurídicamente el dolo en estas conductas?

El autor del *spoofing* actúa dolosamente si conoce que suplantando una identidad, dirección o canal podrá provocar un error en un tercero (humano o automatizado) que derive en un beneficio para sí o para un tercero. Se configura el dolo directo cuando el sujeto prevé como seguro el resultado del engaño técnico, y el eventual si acepta su posibilidad como consecuencia de su conducta.

6. ¿Qué otros delitos pueden integrar el spoofing además de la estafa?

Dependiendo del contexto, puede integrar:

- Acceso no autorizado (art. 197 bis CP): si se usa *IP spoofing* para acceder a sistemas restringidos.
- Falsedad documental informática (arts. 390 y 391 CP): si se manipulan elementos con valor autenticador, como firmas electrónicas, certificados o credenciales oficiales.
- Daños informáticos (art. 264 CP): si se utiliza para interferir o inutilizar sistemas, como en ataques DDoS.
- Usurpación de estado civil (art. 401 CP): en casos de suplantación directa de personas físicas con impacto penal.

7. ¿Qué bienes jurídicos protege el Derecho penal frente al spoofing?

Principalmente:

- El patrimonio, cuando existe perjuicio económico a través del engaño.
- La seguridad en las comunicaciones y la confianza en los sistemas informáticos, cuando se vulnera la integridad de los entornos digitales.

- La veracidad de documentos electrónicos, en los casos de falsificación de identificadores o credenciales con efectos jurídicos.

8. ¿Qué dificultades probatorias presenta el spoofing en el proceso penal?

Son múltiples:

- Identificar al verdadero autor: los atacantes suelen ocultarse tras múltiples capas de anonimato (VPN, proxies, redes Tor).
- Verificar la autenticidad de la suplantación: se requieren pericias informáticas para confirmar que los encabezados, metadatos o señales han sido falsificados.
- Rastrear la cadena de comunicaciones electrónicas: depende de logs de servidores y colaboración internacional cuando intervienen operadores extranjeros.

9. ¿Es responsable penal el proveedor tecnológico si su sistema es suplantado por spoofing?

No necesariamente. La responsabilidad penal requiere dolo o al menos imprudencia grave. Sin embargo, pueden generarse responsabilidades civiles o administrativas si se acredita negligencia en la protección de los canales de comunicación, especialmente en empresas que ofrecen servicios esenciales (banca, telecomunicaciones, plataformas de pago).

10. ¿Qué medidas jurídicas o técnicas se recomiendan para prevenir el spoofing?

- Adopción obligatoria de protocolos como SPF, DKIM y DMARC en servidores de correo electrónico.
- Verificación en dos pasos y autenticación multifactor para evitar accesos no autorizados.

- Sensibilización institucional sobre ingeniería social y suplantación digital.
- Tipificación expresa o desarrollo legislativo en la Ley Orgánica 10/1995 para adecuar los tipos penales a las nuevas modalidades de suplantación digital.

2.2.3 El Malware financiero

El desarrollo de nuevas tecnologías ha transformado profundamente la forma en que se cometen delitos patrimoniales. Dentro de este contexto, el uso de programas maliciosos, conocidos como *malware*, ha alcanzado una sofisticación técnica notable, especialmente en el ámbito de los fraudes financieros. El denominado *malware financiero* —categoría que incluye software diseñado específicamente para acceder a información económica, manipular sistemas bancarios o interceptar operaciones— constituye hoy una de las herramientas más eficaces y peligrosas para la ejecución de estafas informáticas.

El *malware financiero* no es una figura delictiva autónoma, sino un instrumento que permite al autor ejecutar actos de disposición patrimonial mediante la manipulación técnica de los entornos digitales que median las relaciones económicas. La particularidad de esta modalidad radica en que el engaño no se produce por medio de un acto de comunicación humano —como en el fraude clásico—, sino mediante la alteración del sistema desde dentro, provocando un error técnico que sustituye la voluntad libre de la víctima por una simulación controlada. En este sentido, el *malware* no solo sustrae información: construye entornos falsos, simula autenticidades y reemplaza interacciones reales por acciones automatizadas que el usuario percibe como legítimas.

Desde el punto de vista penal, estas conductas encuentran su encuadre natural en el artículo 248.2.a) del CP. En el caso del *malware financiero*, esa "manipulación informática" puede consistir en la instalación de troyanos, *keyloggers* (registradores de teclas), o scripts de *man-in-the-browser*[29], que se insertan en navegadores para alterar los datos introducidos por la víctima al operar en su banca electrónica. Una vez que el malware se activa, puede modificar transferencias, insertar destinatarios nuevos, cambiar montos o incluso sustraer datos para su uso posterior.

Estos ataques pueden producirse tanto a nivel local como remoto. A nivel local, el dispositivo de la víctima es infectado a través de la descarga de archivos adjuntos, enlaces fraudulentos o incluso vulnerabilidades del sistema operativo. A nivel remoto, los delincuentes acceden directamente a través de redes comprometidas o técnicas de control remoto (*Remote Access Trojans*, RATs). Sea cual fuere el método de infección, el resultado es una pérdida de control del usuario sobre su entorno bancario digital, lo que genera una apariencia de normalidad que encubre la ejecución del fraude.

Uno de los aspectos más delicados es el modo en que se produce el error que vició el consentimiento. En el fraude clásico,

---

29 El man-in-the-browser (MitB) es una modalidad avanzada de ataque informático que se ejecuta mediante scripts maliciosos inyectados en el navegador de la víctima, normalmente a través de malware.
Su funcionamiento consiste en que, una vez infectado el navegador, el atacante intercepta, modifica o inserta datos en las comunicaciones entre el usuario y una aplicación web, sin que ni el usuario ni el servidor sean conscientes de la manipulación. Esto lo hace especialmente peligroso en operaciones de banca online, ya que permite alterar en tiempo real formularios de transferencia, credenciales o importes, manteniendo al usuario la apariencia de una transacción legítima.
Desde la óptica jurídica, los scripts de MitB se relacionan con delitos de estafa informática (art. 248.2 CP), acceso no autorizado y manipulación de datos (arts. 197 ter y 264 CP), así como con falsedad informática (arts. 390 y ss. CP), al basarse en la alteración de datos transmitidos electrónicamente.

el sujeto pasivo es engañado mediante un discurso o un ardid. En el *malware financiero*, la víctima cree estar actuando libremente, pero en realidad está introduciendo sus datos en un sistema alterado. Así, la voluntad de disposición se forma sobre una realidad técnica manipulada, lo que legitima su consideración como "engaño bastante", aunque no haya interacción directa entre autor y víctima. Este tipo de manipulación digital no requiere un engaño comunicativo tradicional, pues el entorno alterado cumple la función de inducir a error y provocar un perjuicio económico.

Asimismo, estas conductas pueden integrar otros tipos penales complementarios. Por ejemplo, el artículo 197 bis CP sanciona el acceso ilícito a sistemas informáticos, previendo penas para quien, sin autorización, acceda a la totalidad o parte de un sistema informático. Si el *malware* permite al autor intervenir en tiempo real en el dispositivo de la víctima —como ocurre con los troyanos de control remoto—, puede considerarse consumado el acceso sin consentimiento. Del mismo modo, el artículo 264 CP penaliza los daños informáticos, aplicables cuando el *malware* provoca la inutilización de datos, redes o dispositivos como consecuencia colateral del ataque.

Desde la perspectiva del dolo, la responsabilidad penal del autor no plantea dudas. La elaboración o adquisición de un *malware financiero*, su distribución e instalación en equipos de terceros, y su uso para provocar transferencias o sustraer fondos, constituyen un plan delictivo claro. Además, el uso de *malware* implica habitualmente un alto nivel de especialización técnica, lo que refuerza la idea de que estas conductas son resultado de una planificación consciente, y no de errores o imprudencias técnicas.

Uno de los mayores desafíos que plantea el *malware* financiero, una vez más, es el probatorio. Al tratarse de programas diseñados para operar en segundo plano y eliminar sus huellas, muchas veces las víctimas no descubren la infección hasta que el perjuicio ya ha sido consumado. La recuperación de evidencia digital depende de la intervención rápida de expertos forenses, del acceso a los logs de las entidades bancarias y del análisis del comportamiento del sistema afectado. A esto se suma la dificultad de atribución, ya que muchos ataques se originan desde redes anónimas o jurisdicciones fuera del territorio nacional.

Desde una óptica criminológica, el *malware financiero* es una manifestación del nuevo paradigma de la criminalidad organizada digital. El autor no necesita interactuar con la víctima, ni estar presente en el territorio donde se produce el perjuicio. El malware puede ser programado, vendido y operado desde países distintos, a través de redes como el *dark web*, lo que refuerza su carácter transnacional y su complejidad procesal.

2.2.3.1 El Malware financiero: preguntas clave

1. ¿Qué es el malware financiero y cómo se define jurídicamente?

El *malware financiero* es un tipo de programa malicioso diseñado específicamente para apoderarse, interceptar o manipular información financiera de un usuario, generalmente relacionada con banca en línea, tarjetas de crédito o credenciales de pago. Desde la óptica jurídica, se trata de un mecanismo de comisión delictiva que, al infiltrarse en sistemas informáticos, permite ejecutar estafas, apropiaciones indebidas o accesos ilícitos.

2. ¿Qué formas adopta el malware financiero en la práctica?

Entre las variantes más frecuentes se encuentran:

- *Troyanos bancarios*: software que se instala sin consentimiento y monitoriza el comportamiento del usuario en su banca electrónica.

- *Keyloggers*: herramientas que registran las pulsaciones del teclado, permitiendo capturar contraseñas y datos de acceso.
- *RATs* (Remote Access Trojans): permiten al delincuente controlar el dispositivo de la víctima en tiempo real.
- *Injects*: alteran la visualización del navegador cuando la víctima accede a una web legítima, superponiendo campos falsos o desviando transacciones.

3. ¿Cuál es el marco normativo aplicable en el Derecho penal?

Estas conductas se encuadran principalmente en los siguientes preceptos:

- Artículo 248.2.a) CP: estafa informática, cuando se logra una disposición patrimonial mediante la manipulación informática.
- Artículo 197 bis CP: acceso ilícito a sistemas, si se penetra sin autorización en el equipo de la víctima.
- Artículo 264 CP: daños informáticos, si se altera o deteriora el sistema o los datos.
- Artículo 386 CP: falsedad informática, cuando se manipulan datos de autenticación para causar efectos jurídicos.

4. ¿Cuál es el elemento de engaño en el uso de malware financiero?

A diferencia del engaño clásico —verbal o documental—, en el malware financiero el fraude se produce mediante un entorno manipulado técnicamente. El usuario cree estar interactuando con su entidad bancaria en condiciones normales, cuando en realidad sus datos o comandos están siendo interceptados o modificados. Este engaño técnico sustituye al engaño tradicional y cumple con la exigencia del tipo penal en tanto genera error eficaz.

5. ¿Qué papel juega el malware financiero en la consumación de la estafa?

El malware actúa como instrumento facilitador del engaño. Permite obtener información confidencial sin conocimiento de la víctima y, posteriormente, utilizarla para realizar operaciones no autorizadas. La estafa se consuma cuando el autor, valiéndose de la información capturada, realiza una disposición patrimonial sin consentimiento válido, causando perjuicio económico.

6. ¿Puede hablarse de dolo si el autor utiliza medios automatizados como malware?

Sí. El dolo reside en la voluntad consciente de introducir o utilizar malware con el fin de obtener un beneficio patrimonial ilícito. El hecho de que parte del proceso esté automatizado no elimina la imputabilidad del comportamiento. Además, en la mayoría de los casos existe planificación previa y conocimiento técnico, lo que refuerza el elemento cognoscitivo y volitivo.

7. ¿Qué dificultades probatorias presenta el malware financiero?

Los principales obstáculos son:

- La detección del software malicioso, que a menudo es diseñado para evadir antivirus y eliminar rastros.
- La atribución del delito a una persona concreta, ya que el malware puede operarse remotamente y en redes anónimas.
- La reconstrucción del nexo causal entre la infección y la pérdida patrimonial.
- La cooperación internacional, cuando los servidores utilizados están ubicados fuera del territorio nacional.

8. ¿Qué bienes jurídicos se ven afectados por el uso de malware financiero?

Se lesionan principalmente:

- El patrimonio de la víctima, si hay pérdida de activos o derechos económicos.
- La intimidad informática, al acceder sin consentimiento a datos o sistemas protegidos.
- La integridad del tráfico electrónico y la confianza en los sistemas de banca digital, cuando se altera su funcionamiento o veracidad.

9. ¿Pueden incurrir en responsabilidad las entidades bancarias o de servicios si sus plataformas se ven comprometidas?

No de forma penal directa, salvo negligencia grave o colaboración dolosa. Sin embargo, sí pueden incurrir en responsabilidad civil o administrativa si se demuestra que no implementaron medidas de seguridad adecuadas (por ejemplo, ausencia de doble autenticación, protocolos de encriptación, detección de anomalías, etc.).

10. ¿Qué medidas jurídicas y técnicas se recomiendan para prevenir este tipo de conductas?

Desde la perspectiva jurídica:

- Desarrollo normativo que tipifique de forma autónoma la distribución o comercialización de malware con fines delictivos.
- Fortalecimiento de la cooperación internacional en materia de cibercrimen.
- Mejora en la formación digital de jueces, fiscales y operadores policiales.

Desde el plano técnico:

- Actualización periódica de sistemas operativos y antivirus.
- Autenticación multifactor para operaciones bancarias.
- Alertas y limitaciones de movimientos sospechosos.

2.3. DEEPFAKES Y SUPLANTACIÓN DE IDENTIDAD DIGITAL EN CONTRATOS

La revolución digital ha traído consigo no solo avances extraordinarios en materia de comunicación, inteligencia artificial y tratamiento de datos, sino también nuevos riesgos para la integridad patrimonial, la intimidad personal y la seguridad jurídica de los ciudadanos. Entre los desarrollos tecnológicos más disruptivos se encuentra la técnica conocida como *deepfake*, herramienta de inteligencia artificial que permite la creación de contenidos audiovisuales altamente verosímiles mediante la manipulación de imágenes, voz y gestos de una persona sin su consentimiento.

Aunque esta técnica puede tener usos legítimos en la industria audiovisual, educativa o publicitaria, su potencial criminal es alarmante: permite desde la suplantación de identidad con fines fraudulentos hasta la falsificación de pruebas en procesos judiciales o la producción de material delictivo de contenido sexual.

El deepfake constituye una aplicación de la inteligencia artificial basada en redes neuronales profundas, que permite la creación o alteración de imágenes y videos con un alto grado de realismo. La manipulación digital no se limita a simples efectos visuales, sino que incorpora elementos biométricos como expresiones faciales, patrones de voz y movimientos corporales, lo que facilita una simulación altamente convincente de la identidad de un sujeto determinado.

Desde la perspectiva jurídico-penal, el deepfake representa una herramienta potencialmente instrumentalizada para la comisión de múltiples delitos, principalmente en el ámbito de la estafa informática, la suplantación de identidad y la difusión no consentida de contenidos degradantes o injuriosos.

Tal como se advierte en la doctrina[30], el contexto digital ha favorecido la creación de identidades falsas o manipuladas como forma de inducir a error a entidades financieras, plataformas digitales y particulares, dando lugar a perjuicios patrimoniales concretos y también a lesiones sobre el derecho al honor y la propia imagen.

Una de las aplicaciones delictivas más frecuentes del deepfake se encuentra en el ámbito de la estafa digital. En este supuesto, la manipulación audiovisual se utiliza para crear la apariencia de autenticidad en un mensaje de voz, una videollamada o una grabación supuestamente remitida por una entidad bancaria, jurídica o administrativa.

No se nos escapa que en este tipo de programas basados en inteligencia artificial podemos hablar perfectamente de "artificios semejantes" que incluyen, como ya sabemos, conductas que, sin constituir manipulación técnica del sistema, logran idénticos efectos de engaño con apariencia de legitimidad.

La generación de un video falso con la voz y rostro del director financiero de una empresa solicitando una transferencia urgente constituye un ejemplo paradigmático de uso del deepfake con fines defraudatorios. En este tipo de conductas, no existe engaño directo a la máquina (como sería una manipulación de software bancario), sino la simulación de una

---

30 MONTSERRAT SÁNCHEZ-ESCRIBANO, M.I. Deepfakes y derecho penal: Derecho al honor, a la intimidad y a la propia imagen. *"Desafios actuales de la Inteligencia Artificial"* coord. por Cardona Vallès M, Hernández Hidalgo P, y otros.UOC, 2024, págs. 97-106.

relación humana legítima que induce a error al sujeto humano responsable del acto de disposición patrimonial.

Más allá del fraude patrimonial, el uso de deepfakes permite la creación de identidades falsas que pueden ser empleadas en múltiples contextos delictivos: desde la apertura de cuentas bancarias fraudulentas hasta la participación simulada en actos contractuales o institucionales.

El "hacerse pasar por otro" a través de medios digitales, ya sea mediante cuentas ficticias, documentos electrónicos manipulados o imágenes falseadas, puede integrarse en la figura delictiva de suplantación de identidad. En este sentido, el uso de deepfakes para simular la identidad de una persona con el fin de realizar actos jurídicos o defraudar a terceros, puede subsumirse en los artículos relativos a falsedad en documento público o privado, dependiendo del contexto y del uso del contenido manipulado.

La producción y difusión de contenido falso que simula a una persona en contextos degradantes, obscenos o comprometidos puede constituir un atentado grave contra el derecho al honor, la propia imagen y la intimidad. Particularmente sensibles son los casos en que se generan deepfakes con contenido sexual no consentido, donde el rostro de la víctima es incrustado digitalmente en escenas pornográficas.

Desde el punto de vista jurídico, tales prácticas podrían dar lugar a los delitos previstos en los artículos 197.7 del CP (difusión no autorizada de imágenes íntimas), así como a posibles acciones civiles por daños morales.

Se ha comenzado a abordar esta problemática en términos de intromisión ilegítima en la vida privada, así como en el marco de los delitos contra la libertad sexual, en la medida en que se instrumentaliza la identidad visual o vocal de una persona con fines libidinosos, sin su conocimiento ni consentimiento.

La utilización de deepfakes plantea desafíos sustanciales desde el punto de vista de la prueba. A diferencia de los tradicionales registros audiovisuales, cuya autenticidad puede ser fácilmente verificada, los deepfakes exigen el uso de herramientas forenses altamente especializadas capaces de detectar inconsistencias en la codificación, los patrones de iluminación o las microexpresiones faciales.

La carga de la prueba recae inevitablemente sobre el Ministerio Fiscal o el acusador particular, quienes deberán demostrar que el contenido utilizado en el procedimiento carece de autenticidad y ha sido manipulado. En este contexto, las garantías procesales, especialmente la presunción de inocencia y la cadena de custodia digital, adquieren una importancia capital.

2.3.1 Dilemas normativos y propuestas de lege ferenda

A pesar de la gravedad de los escenarios mencionados, la normativa penal vigente no contempla una tipificación expresa del uso de tecnologías deepfake con fines delictivos. Esta laguna normativa genera inseguridad jurídica y dificulta la respuesta punitiva, particularmente en lo que respecta a la prueba de la intención fraudulenta y a la identificación del autor en contextos de anonimato digital.

En este sentido proponemos la introducción de un tipo penal específico que sancione la manipulación digital de identidad con fines de fraude, injuria o afectación del honor. Dicha propuesta permitiría sistematizar la respuesta punitiva y facilitaría la persecución penal de estas conductas, hoy dispersas entre múltiples figuras delictivas.

A su vez, el fortalecimiento del compliance tecnológico en el sector empresarial —a través de medidas de seguridad como la verificación biométrica, la inteligencia artificial forense o los certificados de autenticidad digital— puede funcionar como barrera preventiva ante estas prácticas.

El deepfake no constituye únicamente una amenaza tecnológica, sino un desafío jurídico y penal de primera magnitud. Su uso con fines delictivos pone en entredicho la fiabilidad de los sistemas probatorios, vulnera derechos fundamentales como la identidad, la intimidad y el patrimonio, y dificulta la aplicación de los principios clásicos del Derecho penal.

Por ello, se requiere una adaptación urgente del ordenamiento penal que incorpore este fenómeno de forma sistemática y con rango autónomo, así como una estrategia judicial y pericial capaz de responder eficazmente a la sofisticación de estas nuevas formas de criminalidad.

2.4. FRAUDES POR MANIPULACIÓN INFORMÁTICA DIRECTA (HACKING, CRACKING, SKIMMING)

La manipulación informática directa representa una de las formas más evidentes y técnicamente sofisticadas de comisión de estafas en el ámbito digital. A diferencia de otras modalidades más sutiles basadas en la ingeniería social (como el phishing), estas conductas suponen una intrusión directa en sistemas o dispositivos electrónicos para provocar un desplazamiento patrimonial no consentido. En la actualidad, tres formas predominan dentro de esta categoría: el hacking, el cracking y el skimming.

El hacking, en su acepción delictiva, alude al acceso no autorizado a sistemas informáticos, redes o datos protegidos con el fin de obtener información confidencial, alterar procesos o sustraer recursos económicos. Desde el punto de vista penal, esta conducta puede sancionarse tanto como delito autónomo (acceso ilícito a sistemas informáticos, art. 197 bis CP) como medio comisivo de una estafa cuando el acceso se utiliza para transferir fondos, modificar saldos bancarios o simular operaciones. Esta actividad presenta especial complejidad probatoria, ya que en muchos casos los autores actúan desde jurisdicciones remotas, empleando redes cifradas y técnicas de anonimato como las redes TOR[31].

El cracking se refiere a la alteración o desprotección de software, generalmente para acceder a funcionalidades restringidas o evitar controles de licencia. Cuando esta actividad se orienta a manipular sistemas de gestión financiera o plataformas de pago, puede dar lugar a estafas mediante la generación de operaciones aparentemente legítimas. En particular, el cracking de terminales de punto de venta (POS) ha permitido a organizaciones criminales modificar el firmware de los dispositivos para redirigir pagos o registrar datos de tarjetas sin conocimiento del usuario. Desde el plano penal, esta actividad encaja en el concepto de "manipulación informática" exigido por el art. 248.2 CP, al alterar los procesos lógicos que rigen la ejecución de actos de disposición patrimonial.

El skimming, por último, constituye una forma de fraude altamente extendida en el ámbito bancario. Consiste en la captura ilícita de datos de tarjetas bancarias mediante dispositivos acoplados en cajeros automáticos o terminales. Esta información es posteriormente empleada para clonar tarjetas y efectuar pagos no autorizados. A menudo, el skimming se acompaña de cámaras ocultas que registran el código PIN, lo que incrementa la eficacia del fraude. En este tipo de delitos, la manipulación informática no recae tanto sobre el sistema digital como sobre el hardware, lo que requiere una interpretación amplia del término "manipulación" en el sentido del artículo 248.2 a) CP[32].

---

31 SANZ, G. Aspectos técnicos y jurídicos del anonimato en redes cifradas. Revista de Derecho y Tecnología, 13(1), 2020, pp. 55-78.

32 CARRASCOSA LÓPEZ, V. & DE LA HIZ MATÍAS, J. J. (s.f.). Estafa informática. Informática y Derecho, Ministerio de Cultura.

Desde una perspectiva dogmática, estas formas de estafa digital presentan dificultades en la delimitación del dolo, particularmente en escenarios en los que se utilizan intermediarios (como en redes de mulas) o en los que el fraude se automatiza mediante scripts o bots. El dolo directo debe acreditarse respecto de la voluntad de inducir al sistema o a su operador a realizar una transferencia patrimonial no consentida, lo que ha llevado a algunos autores a proponer una reconceptualización del tipo subjetivo en clave funcional[33].

Además, el carácter transnacional de muchas de estas operaciones plantea serios retos a la investigación y persecución penal. En numerosos casos, los servidores desde los que se ejecuta el ataque se encuentran fuera de la jurisdicción nacional, lo que exige mecanismos eficaces de cooperación internacional. En este sentido, el Convenio de Budapest sobre la Ciberdelincuencia de 2001 ha sido una herramienta fundamental para armonizar legislaciones y facilitar el intercambio de pruebas.

También se ha observado un auge de los modelos de "cibercrimen como servicio" (CaaS), mediante los cuales herramientas de hacking, cracking o skimming se ofrecen a terceros a través de plataformas especializadas en la darknet. Esta comercialización de medios delictivos plantea nuevos desafíos en cuanto a la punición de la tentativa y la responsabilidad por actos preparatorios[34].

La respuesta penal debe completarse con medidas de prevención técnica y organizativa. Los programas de cumplimiento normativo (compliance), en especial en entidades bancarias y tecnológicas, deben incluir protocolos específicos para detectar y mitigar ataques de manipulación directa. En este sentido,

---

33 MIRÓ LLINARES, F. Ciberdelincuencia. Análisis y control de la criminalidad digital. Tirant lo Blanch. 2020.

34 *Ob cit.*

el defecto de organización puede convertirse en fundamento de responsabilidad penal de la persona jurídica, conforme al art. 31 bis CP.

2.5. EL ROL DE LOS "MONEY MULES" EN REDES ORGANIZADAS DE FRAUDE

El vertiginoso avance de las tecnologías de la información ha dado paso a un nuevo tipo de criminalidad, caracterizada por su sofisticación técnica, su transnacionalidad y su camuflaje estructural. Dentro de este complejo engranaje delictivo, emergen actores que, si bien pueden parecer periféricos o secundarios, desempeñan un papel crucial para el éxito del fraude: son los denominados *money mules*, o "mulas de dinero". Lejos de ser figuras accesorias, estos intermediarios permiten la canalización, encubrimiento y dispersión de activos obtenidos ilícitamente a través de delitos como el *phishing*, el *pharming*, y demás formas de estafa informática. Su rol plantea importantes interrogantes sobre la imputación penal, el grado de participación delictiva, la delimitación entre dolo y culpa, y la adecuación de las figuras penales tradicionales para responder a estos fenómenos.

El término *money mule* alude a personas que, voluntaria o involuntariamente, prestan sus cuentas bancarias para recibir fondos provenientes de actividades ilícitas, generalmente fraudes informáticos, y posteriormente reenviarlos a los autores del delito original. Estos individuos constituyen un "eslabón funcional" indispensable para la culminación del perjuicio patrimonial, pues permiten a los defraudadores anonimizar su rastro económico y dificultar la trazabilidad del dinero ilícito.

La captación de las "mulas" se realiza, en la mayoría de los casos, mediante anuncios falsos de empleo publicados en plataformas digitales, en los que se ofrece una remuneración por la recepción de fondos en una cuenta bancaria personal y su posterior reenvío a terceros. El mulero actúa, así como puente entre la víctima y el defraudador, canalizando el dinero sin, en ocasiones, tener plena conciencia de la ilicitud de su conducta.

Desde el punto de vista criminológico, el *money mule* es una figura intermedia dentro de una cadena delictiva transnacional. El uso de estas personas responde a una lógica de "disociación operativa", en la que los autores intelectuales del fraude minimizan su exposición penal al utilizar a terceros para materializar el desplazamiento patrimonial. De este modo, la mula no solo colabora en el ocultamiento del origen ilícito de los fondos, sino que permite la rápida dispersión de los activos a través de sistemas de transferencia internacional o criptomonedas, consolidando la impunidad del delito.

Este rol operativo se observa tanto en fraudes individuales como en esquemas organizados de criminalidad económica, en los cuales los muleros pueden ser integrados como parte de estructuras piramidales, recibiendo instrucciones precisas y actuando en múltiples jurisdicciones.

La calificación jurídica de la actuación de las *money mules* no es unívoca y varía según las circunstancias del caso. En líneas generales, su conducta puede subsumirse en alguna de las siguientes figuras penales:

1. Receptación: Cuando el sujeto recibe fondos sabiendo que proceden de una actividad ilícita, y colabora en su ocultamiento o transformación, su conducta puede subsumirse en los tipos penales de receptación. En este caso, se castiga no la comisión del delito principal, sino la colaboración posterior que permite consolidar su resultado patrimonial.

2. Encubrimiento por aprovechamiento: Si el sujeto no participó del delito original, pero se beneficia de sus efectos o facilita que los autores materiales los disfruten impune-

mente, podría ser acusado de encubrimiento. Esto ocurre, por ejemplo, cuando el mulero retira el dinero y lo entrega en efectivo a un tercero, dificultando su rastreo.

3. Estafa informática como coautor o partícipe: En los casos en que el *money mule* actúa con conocimiento previo del plan defraudatorio, o bien colabora en su ejecución con aportaciones esenciales (por ejemplo, facilitando el uso de una cuenta que fue abierta específicamente para la operación), puede ser considerado coautor o partícipe necesario del delito de estafa informática previsto, por ejemplo, en el artículo 248.2.a) del Código Penal español.
4. Blanqueo de capitales: Cuando los fondos obtenidos del fraude son canalizados con el fin de darles apariencia de legalidad, y el mulero participa de dicha operación, su conducta puede encuadrarse en los delitos de blanqueo de capitales. Esta figura exige, no obstante, un conocimiento específico sobre el origen delictivo de los fondos y la finalidad de ocultar dicha procedencia.

Uno de los aspectos más complejos en la persecución penal de los muleros es la determinación de su culpabilidad subjetiva. En numerosos casos, estos sujetos son personas desempleadas, jóvenes o socialmente vulnerables que son instrumentalizadas por organizaciones criminales mediante mecanismos de engaño o manipulación emocional. En nudo gordiano se encuentra en diferenciar entre el dolo eventual y la imprudencia grave, especialmente cuando el mulero alega desconocimiento del carácter ilícito de las operaciones.

La existencia de dolo eventual puede inferirse cuando el sujeto, sin tener certeza sobre la ilicitud, se representa como probable esa posibilidad y decide continuar con la conducta. En este contexto, si la persona accede a recibir y reenviar dinero sin exigir explicaciones mínimas o sin verificar la identidad del remitente, puede afirmarse razonablemente que actuó con una representación del riesgo delictivo.

La evolución tecnológica ha multiplicado las formas de captación de muleros. A las ofertas de empleo falso se suman ahora mensajes automatizados en redes sociales, captaciones mediante ingeniería social y hasta campañas en plataformas de videojuegos o foros especializados. Esto ha generado un nuevo perfil de mulero: el que actúa de forma reincidente, profesionalizada y plenamente integrada en estructuras de fraude digital, lo que plantea la necesidad de incorporar agravantes específicas por habitualidad u organización.

En otros casos, los muleros actúan de forma esporádica, por incentivos económicos mínimos, y sin conocer la magnitud del entramado criminal del que forman parte. Esta diferencia resulta fundamental a efectos de graduar la pena y aplicar posibles atenuantes por error vencible o colaboración con la justicia.

El tratamiento jurídico del fenómeno *money mule* revela, en muchos ordenamientos, vacíos normativos y desajustes entre los tipos penales tradicionales y las nuevas formas de criminalidad informática. Aunque algunas legislaciones, como la española o la chilena, han introducido reformas orientadas a incorporar figuras como la estafa informática o el blanqueo de capitales por medios digitales, lo cierto es que el papel del intermediario no siempre encuentra encaje claro.

Por ello, nos reiteramos en la proposición de la creación de tipos penales autónomos que sancionen la "intermediación dolosa o culposa en fraudes telemáticos", con márgenes penales adaptables al grado de conocimiento y la habitualidad de la conducta. Esta propuesta permitiría distinguir entre el mulero ocasional y el actor estructural del delito, sin necesidad de forzar interpretaciones extensivas del delito de estafa o receptación.

Tipología y estructuras del fraude organizado

El siguiente esquema sintetiza, a modo de resumen conceptual, el papel del *money mule* dentro de una red de estafa informática compleja:

❶ FASE DE CAPTACIÓN Y PLANIFICACIÓN

↳ Grupo criminal crea estructura digital (phishing, malware, spoofing)

↳ Reclutamiento de *money mules* (falsas ofertas, engaño o connivencia)

❷ FASE DE EJECUCIÓN TECNOLÓGICA

↳ Suplantación de identidad / Captura de datos bancarios

↳ Transferencia fraudulenta desde cuentas de las víctimas

↓

❸ FASE DE RECEPCIÓN DEL DINERO (INTERVENCIÓN DEL *MULE*)

↳ Recepción de fondos en cuentas del *money mule*

↳ Extracción de efectivo o traspaso inmediato (cuentas proxy, criptomonedas)

↳ Cobro de comisión (% variable)

↳ Posición clave: pantalla financiera ↔ disgregación de trazabilidad

❹ FASE DE DISPERSIÓN INTERNACIONAL

↳ Reenvío a cuentas en el extranjero / plataformas P2P / exchanges

↳ Conversión en criptoactivos o uso en mercados ilegales

↓

❺ FASE DE BLANQUEO Y OCULTACIÓN

↳ Ingreso en empresas pantalla / testaferros

↳ Integración en circuitos legales (inversiones, bienes, paraísos fiscales)

Esta segmentación de funciones, como señala Balmaceda[35], permite distribuir la responsabilidad penal y minimizar el riesgo para los líderes de la organización.

El reto dogmático principal consiste en determinar el grado de participación penal del *money mule*: ¿es autor, cooperador necesario o cómplice? ¿Actúa con dolo directo, eventual o incluso con ignorancia deliberada (*willful blindness*[36])?

---

35 BALMACEDA HOYOS, G. El delito de estafa informática en el Derecho europeo continental. Revista de Derecho y Ciencias Penales, 17, 2011, pp. 111–149.

36 La expresión *willful blindness* (también llamada deliberate ignorance o "ceguera intencional") es una figura del Derecho anglosajón que funciona como equivalente funcional al dolo eventual en ciertos supuestos, aunque con matices propios de su sistema.
En términos jurídicos, se entiende por *willful blindness* la situación en la que una persona, pudiendo razonablemente conocer un hecho relevante para la ilicitud de su conducta, decide no indagar ni comprobarlo deliberadamente, con el propósito de no adquirir conocimiento formal y, de esa forma, intentar eludir responsabilidad penal.

El Tribunal Supremo ha abordado en diversas ocasiones la responsabilidad penal de las denominadas "mulas de dinero" (*money mules*) en el contexto de delitos como la estafa informática y el blanqueo de capitales.

Como ejemplo la Sentencia del Tribunal Supremo 533/2007, de 12 de julio[37]: En esta resolución, el Tribunal consideró que la apertura de una cuenta bancaria con el propósito de recibir fondos provenientes de transferencias fraudulentas constituye un acto determinante para la consumación del delito de estafa. Se estableció que, incluso si el individuo no participó en la fase inicial del fraude, su colaboración fue esencial para materializar el engaño, calificándolo como cooperador necesario.

En el entramado de las nuevas formas de criminalidad patrimonial asociadas al entorno digital, ha cobrado especial relevancia la figura del denominado *money mule* o "mula de dinero". Esta expresión, de uso frecuente en la criminología aplicada y en los informes de organismos internacionales como Europol, designa a aquella persona que, generalmente sin conocimientos técnicos avanzados, presta su identidad o sus cuentas bancarias para facilitar el movimiento de fondos obtenidos ilícitamente a través de fraudes informáticos. Su rol, aunque aparentemente accesorio, cumple una función esencial dentro del ciclo delictivo, permitiendo materializar el desplazamiento patrimonial y obstruir la trazabilidad del dinero sustraído.

Una de las resoluciones más relevantes para la delimitación penal de esta figura es precisamente esta sentencia, en ella se resuelven los recursos de casación interpuestos por dos acusados, quienes fueron condenados por la Audiencia Provincial de Madrid por su participación en una red internacional de estafa informática mediante el uso de técnicas de *phishing*. Según se

---

37 STS 533/2007, de 12 de julio. ECLI:ES:TS: 2007:3935

recoge en los hechos probados, los condenados abrieron cuentas bancarias en entidades españolas en las que, previa captación de credenciales por parte de terceros a través de falsificaciones de la web oficial de la entidad financiera, se recibieron transferencias ilícitas desde cuentas auténticas de clientes situados en Estados Unidos.

El Tribunal considera probado que los recurrentes consintieron en abrir las cuentas con conocimiento de que serían utilizadas para recibir fondos ajenos, disponiendo de los mismos total o parcialmente, y percibiendo una comisión —entre el 10 % y el 50 % del total transferido— por su participación. Aunque los acusados negaron conocer la procedencia ilícita del dinero, y argumentaron desconocimiento de la existencia de una estructura delictiva detrás de las operaciones, el Alto Tribunal desestima tales alegaciones, fundamentando su decisión en un razonamiento probatorio indiciario conforme a estándares jurisprudenciales consolidados[38].

En este sentido, el Supremo reafirma que la prueba de cargo válida y suficiente puede construirse mediante indicios racionales derivados de una concatenación lógica de hechos objetivos: la apertura ex profeso de cuentas bancarias; la recepción de cuantiosas sumas sin justificación contractual; la disposición activa e inmediata del dinero; la intervención de terceros no identificados; y la falta de explicación alternativa razonable. Tales elementos permiten, a juicio del Tribunal, inferir la existencia de conocimiento suficiente por parte de los recurrentes sobre la antijuridicidad de su conducta, concluyendo que actuaron con dolo, ya fuera directo, eventual o incluso bajo la modalidad de ignorancia deliberada (*willful blindness*).

---

38 Entre otras STS 3504/2019 de 4 de noviembre–ECLI:ES:TS:2019:3504

Desde la perspectiva dogmática, esta sentencia resulta particularmente ilustrativa, pues clarifica dos aspectos esenciales para la imputación penal de los *money mules* en tramas de ciberdelincuencia. En primer lugar, la Sala establece que el conocimiento parcial del plan delictivo no impide la imputación a título de autoría cuando el sujeto participa en actos ejecutivos esenciales para la consumación del tipo. En este caso, la apertura y gestión de cuentas bancarias para recibir y entregar fondos constituye una conducta ejecutiva clave que habilita el desplazamiento patrimonial, aun cuando el partícipe no conozca a los autores materiales de la captación de claves o el origen concreto de las credenciales sustraídas.

En segundo lugar, la sentencia rechaza expresamente que la estafa informática, entendida como aquella perpetrada mediante transferencia no consentida tras manipulación informática, requiera la concurrencia de un engaño personal directo. Esta interpretación ya había sido adelantada por el Tribunal en la STS de 20 de noviembre de 2001, donde se afirmaba que el ardid puede consistir en la manipulación de sistemas informáticos sin necesidad de una interacción engañosa entre el defraudador y la víctima. En consecuencia, el tipo penal del artículo 248.2 del CP, en su redacción vigente en el momento de los hechos, permite sancionar conductas en las que el sujeto se aprovecha de una desviación automatizada del sistema informático para obtener un beneficio económico ilegítimo.

Otro aspecto relevante abordado por la Sala Segunda es la cuestión del dolo. El Tribunal parte de la premisa de que el contexto social actual permite exigir a cualquier persona de nivel cultural medio la comprensión de la ilicitud de determinados comportamientos, máxime cuando estos comportamientos generan beneficios económicos inmediatos sin causa contractual, y se encuentran rodeados de circunstancias que permiten deducir su carácter anómalo. Así, se afirma que "la ignorancia del resto del operativo no borra ni disminuye su culpabilidad porque fueron conscientes de la antijuridicidad de su conducta, prestando su conformidad con un evidente ánimo de enriquecimiento". Esta afirmación permite fundamentar una atribución de responsabilidad penal no sólo desde la dogmática del dolo directo, sino también desde las construcciones doctrinales del dolo eventual y la aceptación implícita del riesgo.

En definitiva, la STS 533/2007 ofrece una interpretación robusta del artículo 248.2 del C.P en relación con la actuación de los *money mules*, reconociendo que la mera recepción de fondos de origen incierto, su posterior disposición y el beneficio económico derivado son elementos suficientes para imputar autoría penal en el marco de una estafa informática organizada. Aun en ausencia de contacto con los autores materiales del fraude informático o desconocimiento del origen preciso del dinero, la participación del sujeto en el ciclo delictivo es jurídicamente relevante, tanto por su impacto en la producción del resultado como por su capacidad para encubrir, dificultar o fragmentar la trazabilidad del ilícito.

La relevancia de esta sentencia reside, por tanto, en su función de establecer una doctrina penal clara en torno a la figura del receptor de dinero fraudulento dentro de esquemas de ciberdelincuencia transnacional, y en señalar que la participación del *money mule* no puede ser minimizada bajo excusas de ignorancia o desconexión parcial del plan delictivo. En palabras del propio Tribunal, "no hay por tanto ninguna posibilidad de derivar a ningún supuesto de error la acción de los recurrentes".

En la Sentencia del Tribunal Supremo 834/2012, de 25 de octubre[39]: La sala analizó el papel del "mulero" en operaciones de *phishing*. El Tribunal debatió si la conducta de recibir y transferir fondos obtenidos ilícitamente debía ser sancionada

---

39 STS 834/2012, de 25 de octubre. ECLI:ES:TS: 2012:8284.

como estafa informática, receptación o blanqueo de capitales. Finalmente, se inclinó por considerar que el "mulero" comete un delito de receptación, al recibir bienes de origen ilícito y colaborar en su ocultación.

La citada resolución representa un referente jurisprudencial imprescindible para el estudio de la responsabilidad penal de los denominados *money mules* —o "mulas de dinero"— en el marco de delitos patrimoniales cometidos a través de medios informáticos. En esta resolución, el Alto Tribunal resuelve el recurso de casación interpuesto por la entidad BANESTO, en su calidad de acusación particular, contra la sentencia de instancia que condenó a la acusada únicamente por un delito imprudente de blanqueo de capitales, rechazando su calificación como autora de estafa informática.

La acusada, Leticia, fue captada mediante una oferta laboral falsa emitida por una supuesta empresa extranjera —Collections Ltd.— con domicilio en Alemania. La propuesta, recibida por correo electrónico, ofrecía una remuneración de 250 euros por cada operación satisfactoria que consistiera en recibir fondos en su cuenta bancaria, retirarlos y transferirlos por servicios de envío rápido de dinero al extranjero, concretamente a Moldavia. En virtud de esa relación contractual ficticia, Leticia abrió una cuenta bancaria en BANESTO, en la que recibió tres transferencias sucesivas de fondos previamente sustraídos de la cuenta de un tercero —Aquilino— mediante técnicas de *phishing*. Una vez recibido el dinero, la acusada retiró en efectivo los importes y los envió por Western Union, quedándose con un porcentaje como comisión.

El juicio de instancia calificó su conducta como constitutiva de un delito de blanqueo de capitales imprudente, atendiendo a la falta de pleno conocimiento sobre el origen delictivo del dinero. Sin embargo, el recurso de casación promovido por la entidad bancaria consideró que la conducta debía ser subsumida en el tipo penal de estafa informática del artículo

248.2 del C.P, al haberse acreditado que la acusada fue pieza instrumental para la consumación del desapoderamiento patrimonial mediante técnicas tecnológicas de suplantación de identidad digital.

El Tribunal Supremo, en un razonamiento de profundo calado técnico, reconoce que los hechos declarados probados encajan en la figura de la estafa informática, dado que se produce un desplazamiento patrimonial no consentido, fundado en la manipulación informática por parte de un tercero —quien obtuvo fraudulentamente las claves de acceso del titular de la cuenta—. La intervención de Leticia, aunque no participó en la fase de manipulación de las credenciales, se revela como esencial para la realización del delito, al prestar su cuenta bancaria como canal para la recepción y posterior transmisión de los fondos.

El Tribunal realiza una reconstrucción analítica de la mecánica delictiva en dos fases claramente diferenciadas pero interdependientes: primero, la captación de las claves mediante un sitio web fraudulento; segundo, el uso de un tercero —la acusada— para materializar la extracción del dinero y asegurar su salida del circuito bancario. A juicio del Tribunal, ambas fases forman parte de una unidad de acción delictiva, propia de estructuras del crimen organizado digital.

No obstante, la Sala rechaza reconfigurar la calificación jurídica atribuida en la instancia, alegando la imposibilidad procesal de transformar en casación una condena por delito imprudente en otra dolosa sin vulnerar los principios del derecho de defensa y del proceso justo, de conformidad con la doctrina sentada por el Tribunal Europeo de Derechos Humanos en el asunto *Lacadena Calero v. España* (STEDH, 22 de noviembre de 2011[40]). Por

---

[40] ASUNTO LACADENA CALERO c. ESPAÑA (Demanda no23002/07) SENTENCIA ESTRASBURGO 22 de noviembre de 201. https://www.mjusticia.gob.es/gl/AreaInternacional/TribunalEuropeo/Documents/1292427043143-Sentencia_Lacadena_Calero.pdf

tanto, aunque se reconoce la plausibilidad dogmática de la estafa informática, el Tribunal mantiene la condena por blanqueo imprudente por razones estrictamente procesales.

Desde un punto de vista doctrinal, la sentencia resulta sumamente ilustrativa en cuanto al análisis de la estructura de participación del *money mule*. Se establece que abrir una cuenta bancaria con el único propósito de facilitar la recepción de fondos ilícitos constituye una cooperación necesaria, si no una autoría funcional, en los términos del artículo 28 del C.P. La Sala señala que esta aportación es determinante para la consumación del delito, ya que, sin una cuenta bancaria aparentemente legítima, el autor del *phishing* no podría beneficiarse del producto del delito. La intervención del *money mule* permite colocar el dinero en la economía legal o reenviarlo al extranjero,

Sentencia del Tribunal Supremo 644/2010, de 28 de mayo[41]: En este fallo, se determinó que la intervención de las "mulas" fue esencial para la realización del fraude, subrayando que sin su participación no habría sido posible consumar el delito.

En la evolución jurisprudencial del delito de estafa informática y de blanqueo de capitales, constituye un precedente relevante en el tratamiento penal de las conductas vinculadas con el uso instrumental de terceros —frecuentemente denominados *money mules*— dentro de esquemas organizados de fraude digital. En esta resolución, la Sala Segunda analiza el recurso de casación interpuesto por el Ministerio Fiscal frente a una sentencia absolutoria dictada por la Audiencia Provincial de Madrid respecto de un acusado por los delitos de estafa informática y blanqueo de capitales.

El núcleo del caso radicaba en la imputación a un sujeto que habría recibido en su cuenta bancaria diversas transferencias originadas por operaciones fraudulentas de acceso a cuentas

---

41 STS 644/2010, de 28 de mayo. ECLI:ES:TS: 2010:3761

ajenas, cometidas mediante técnicas de phishing. Estas transferencias habrían sido desviadas posteriormente a terceros países, en lo que evidenciaba un patrón típico de ocultación de origen delictivo de los fondos. El acusado sostuvo que actuaba por encargo de supuestas empresas extranjeras, desconociendo el origen ilícito de los fondos. Esta circunstancia condujo a la absolución en instancia, lo que motivó el recurso del Ministerio Público, sustentado en una interpretación más rigurosa del elemento subjetivo en delitos patrimoniales complejos.

El Alto Tribunal, si bien desestima finalmente el recurso, introduce en su fundamentación dos criterios relevantes para la configuración penal de los intermediarios económicos en esquemas defraudatorios:

1. La exigencia de un conocimiento efectivo o representado del origen ilícito de los fondos: La Sala concluye que, aunque la conducta encajaría objetivamente dentro de una lógica operativa propia del blanqueo y de la estafa informática, la ausencia de prueba suficiente sobre la conciencia dolosa del sujeto en cuanto al origen delictivo del dinero recibido imposibilita una condena. En este sentido, el Tribunal advierte sobre la necesidad de acreditar no solo el conocimiento real, sino también la asunción de riesgo o representación delictiva (*dolo eventual*) como base para la imputación penal.

2. La delimitación entre el error de tipo y el error de prohibición: La sentencia realiza una valiosa aportación dogmática al distinguir entre quien desconoce el carácter delictivo de su actuación por no comprender los elementos objetivos del hecho (error de tipo exculpante) y quien, conociéndolos, yerra sobre su ilicitud (error de prohibición que, en su caso, puede ser vencible). El acusado fue absuelto, precisamente, porque el Tribunal entendió que el Ministerio Fiscal no logró acreditar que tuviera conocimiento suficiente para situarlo dentro del ámbito del dolo penalmente relevante.

Esta sentencia refuerza, por tanto, la necesidad de valorar con rigor el contexto y la capacidad de comprensión del sujeto cuando se analiza la responsabilidad penal de los *money mules*. Ello adquiere particular importancia en un entorno donde la captación suele producirse mediante engaños estructurales, como falsas ofertas laborales que eluden deliberadamente cualquier apariencia delictiva. Esta modalidad de cooptación, conocida como fraude de captación de mulas o *mule recruitment scam*, ha sido identificada por Europol como una de las técnicas más extendidas en redes transnacionales de fraude financiero digital.

Desde una perspectiva teleológica, la sentencia STS 3761/2010 puede ser interpretada como un llamado a endurecer las exigencias probatorias del elemento subjetivo en delitos de intervención secundaria, pero también como un reconocimiento de la sofisticación del fenómeno criminal, que exige avanzar hacia modelos interpretativos que valoren el riesgo aceptado como eje del dolo.

A la luz de esta resolución, debe insistirse en la necesidad de estrategias normativas y judiciales que permitan distinguir entre la *ignorancia ingenua* y la *colaboración imprudente o dolosa*, de modo que se evite tanto la impunidad de los operadores logísticos de las organizaciones delictivas como el castigo injusto de sujetos captados sin capacidad real de comprender su participación delictiva.

Por su parte, desde un punto más doctrinal autores como Lascuraín[42] proponen la aplicación de un estándar objetivo de imputación: si el sujeto conoce o debía conocer el carácter ilícito del encargo, no puede ampararse en una presunción de buena fe cuando los indicios externos apuntan a una operación irregular.

---

[42] LASCURAÍN SÁNCHEZ, J. A. Responsabilidad penal individual en los delitos de empresa. En Derecho penal económico y de la empresa (2.ª ed.). Dykinson. 2024.

En el ámbito europeo, Europol[43] ha publicado directrices específicas para bancos y autoridades judiciales, destacando que las "mulas de dinero" deben ser consideradas parte de una estructura de blanqueo y no meros intermediarios ingenuos, salvo prueba en contrario.

43 https://www.europol.europa.eu/operations-services-and-innovation/public-awareness-and-prevention-guides/money-muling?utm source=chatgpt.com

3. El bien jurídico protegido y la tutela penal

El análisis del bien jurídico protegido en el ámbito de las estafas cometidas mediante tecnologías digitales requiere abandonar la visión tradicional centrada exclusivamente en el patrimonio individual. La progresiva complejidad de los medios comisivos–especialmente en entornos automatizados y transfronterizos- ha puesto de relieve que las amenazas no solo recaen sobre la propiedad privada, sino también sobre la seguridad de los sistemas informáticos y la confianza pública en los mecanismos de transacción electrónica. Esta pluralidad de intereses afectados exige una redefinición dogmática del objeto de protección penal y una actualización del contenido del injusto típico.

3.1. PATRIMONIO VERSUS SEGURIDAD INFORMÁTICA: DEBATE DOCTRINAL

La consolidación de las nuevas tecnologías como plataforma para la comisión de delitos patrimoniales ha reconfigurado las bases tradicionales del Derecho penal en materia de estafas. En particular, el análisis del bien jurídico protegido en el tipo penal de la estafa informática, recogido en el artículo 248.2.a) del C.P, ha generado un intenso debate doctrinal respecto de si el objeto de tutela sigue siendo exclusivamente el patrimonio de la víctima o si, por el contrario, deben incluirse bienes jurídicos de naturaleza colectiva, como la seguridad informática o la confianza en los sistemas de transacción electrónica. Esta discusión, lejos de ser meramente teórica, tiene importantes implicaciones dogmáticas y político-criminales, especialmente en la formulación de los elementos del tipo, la determinación del injusto penal y la atribución de responsabilidad en estructuras criminales tecnificadas.

En el modelo clásico de la estafa —tal como se describe en el artículo 248.1 CP— el bien jurídico protegido ha sido de forma pacífica el patrimonio, entendido como el conjunto de relaciones económicas susceptibles de valoración pecuniaria que ostenta una persona física o jurídica. El núcleo del injusto penal reside en la obtención de un beneficio patrimonial a través de un engaño que induce a la víctima a realizar un acto de disposición en perjuicio propio o de tercero. Este esquema, centrado en la voluntad viciada de la víctima, encuentra su justificación última en la protección de la libertad de disposición patrimonial frente al dolo ajeno.

Sin embargo, esta lógica se ve alterada sustancialmente cuando se trasladan las técnicas de engaño al entorno digital. En la estafa informática, el acto de disposición no es producto de una decisión consciente de la víctima, sino de una manipulación de sistemas informáticos que provocan una transferencia patrimonial automatizada. Así lo reconoce expresamente el artículo 248.2.a) CP, cuando tipifica como estafa la obtención de una transferencia no consentida de cualquier activo patrimonial mediante "manipulación informática o artificio semejante". La víctima, en estos casos, no interviene activamente en la disposición, sino que la operación se ejecuta a través de mecanismos digitales previamente comprometidos.

Este cambio en la estructura del delito ha conducido a parte de la doctrina a cuestionar si el patrimonio sigue siendo el único bien jurídico tutelado o si, por el contrario, la norma penal protege también la integridad de los sistemas informáticos como herramientas esenciales para el desarrollo de las relaciones económico-sociales. Autores como González[44], Morales[45] y más recientemente Silva[46] han sostenido que la evolución tecnológica ha generado la necesidad de incorporar bienes jurídicos complementarios en el análisis del injusto penal. En particular, se alude a la "seguridad del tráfico electrónico", la "confianza institucional en las plataformas de pago" y la "estabilidad del sistema financiero digital" como intereses jurídicos que merecen tutela penal directa.

Desde esta perspectiva, el bien jurídico protegido en el delito de estafa informática sería dual o incluso plural. Por un lado, se mantiene la protección del patrimonio individual, en tanto que existe un desplazamiento económico no consentido que empobrece a la víctima. Por otro lado, se introduce un elemento de tutela funcional o sistémica, centrado en la preservación de la confiabilidad de los sistemas informáticos utilizados en la vida económica cotidiana. La afectación a este segundo interés se produce cuando se alteran, mediante fraude, los mecanismos tecnológicos diseñados para operar transferencias lícitas y seguras.

Esta tesis ha sido recogida, de forma incipiente, por la jurisprudencia. En particular, la Sentencia del Tribunal Supremo núm. 533/2007[47], analizó un caso de estafa informática internacional en el que los acusados recibían transferencias

---

44 GONZÁLEZ RUS, J. A. Estafas informáticas y manipulación de sistemas. En J. Lidón (Ed.), Delitos en Internet. Dkinson.2007, pp. 89–122.

45 MORALES PRATS, F. La evolución del fraude a través de las tecnologías de la información. En J. Lidón (Ed.), Delitos en Internet Dykinson, 2007, pp. 155–170.

46 SILVA SÁNCHEZ, J. M. ¿Genera derechos la buena suerte? Sobre el papel del resultado en Derecho penal. En Un modelo integral de Derecho penal, 2022, pp. 921–932

47 STS 533/2007, de 12 de junio. ECLI:ES:TS:2007:3935

provenientes de cuentas bancarias hackeadas mediante técnicas de *phishing*. Aunque no se produjo un acto de disposición consciente por parte de la víctima, el Alto Tribunal consideró que la manipulación del sistema bancario informático para provocar la transferencia generaba un desplazamiento patrimonial punible, incluso sin interacción directa. Si bien la sentencia no alude expresamente a la seguridad informática como bien jurídico autónomo, reconoce la centralidad de la manipulación tecnológica como núcleo de injusto penal.

En el ámbito internacional, este enfoque ha sido reforzado por instrumentos normativos como el Convenio de Budapest sobre Ciberdelincuencia[48], cuyo artículo 8 tipifica la "manipulación informática" como conducta punible, con independencia de si ha mediado engaño a persona física. Este instrumento, ratificado por España, reconoce expresamente la necesidad de proteger la "confidencialidad, integridad y disponibilidad de los sistemas informáticos" como elementos esenciales del orden jurídico penal en el entorno digital.

Frente a esta posición expansiva, algunos sectores doctrinales han mostrado cautela. Se advierte del riesgo de sobrecriminalización si se consideran como bienes jurídicos autónomos conceptos indeterminados como "confianza digital" o "seguridad del tráfico". Desde una visión más clásica, se sostiene que el bien jurídico debe seguir siendo el patrimonio, y que cualquier otro interés afectado (como la estabilidad del sistema financiero o la reputación de las plataformas) debe ser tutelado mediante mecanismos administrativos, civiles o autorregulatorios, pero no mediante el Derecho penal.

No obstante, esta visión restrictiva parece perder fuerza frente a la evidencia empírica del daño sistémico que pueden

---

48 Consejo de Europa. (2001). Convenio sobre la Ciberdelincuencia (Convenio de Budapest).

producir las estafas masivas. Tal como señala Nieto[49], los delitos informáticos de carácter económico deben analizarse no solo desde la perspectiva individual, sino también desde la protección de la infraestructura institucional y tecnológica sobre la que se construye la economía digital contemporánea. En consecuencia, el legislador penal está justificado en expandir la tutela penal hacia esos ámbitos, siempre que se respeten los principios de taxatividad y proporcionalidad.

El debate doctrinal en torno al bien jurídico protegido en la estafa informática refleja una tensión entre la visión tradicional del Derecho penal patrimonial y una nueva concepción funcional del injusto en entornos digitales. Mientras algunos autores se aferran a la tutela del patrimonio como límite infranqueable de intervención penal, otros abogan por una concepción plural, en la que el bien jurídico incluye también la seguridad, integridad y fiabilidad de los sistemas tecnológicos que median las relaciones económicas. La solución más razonable parece residir en una concepción dual o mixta, que permita mantener el núcleo clásico del tipo —el desplazamiento patrimonial— al tiempo que se reconoce la dimensión sistémica y tecnológica del perjuicio, adecuando así el Derecho penal a los retos de la criminalidad digital contemporánea.

3.2. PROTECCIÓN DE LA CONFIANZA EN LOS SISTEMAS TELEMÁTICOS DE TRANSACCIÓN

Uno de los elementos estructurales de las sociedades digitales contemporáneas es la confianza en los sistemas informáticos que soportan la actividad económica. Desde el comercio electrónico hasta la banca en línea, la intermediación tecnológica se ha

---

[49] NIETO MARTÍN, A. Derecho penal económico y de la empresa. Dykinson. 2018.

vuelto la norma y no la excepción. Este nuevo escenario plantea, en el ámbito penal, una relectura del objeto de protección jurídico cuando el sistema de transacciones automatizadas es objeto de manipulación fraudulenta. Si bien la estafa informática puede conllevar un perjuicio patrimonial individual, su impacto desborda esa esfera, erosionando las expectativas colectivas de fiabilidad en los canales digitales de contratación y pago. Así, la confianza institucional en los sistemas telemáticos emerge como un valor autónomo cuya protección penal resulta cada vez más necesaria.

En términos dogmáticos, este fenómeno obliga a superar la lógica tradicional del delito patrimonial entendido exclusivamente como atentado contra derechos subjetivos. La configuración del artículo 248.2.a) del C.P, que sanciona la manipulación informática que produzca una transferencia patrimonial no consentida, admite, según parte de la doctrina, una interpretación más amplia del bien jurídico. En esta línea, podemos afirmar que el Derecho penal económico contemporáneo ha de orientarse también hacia la protección de bienes jurídicos colectivos de confianza institucional, especialmente en un contexto en el que la transacción económica se desarrolla de forma despersonalizada.

Esta idea no es nueva en el Derecho penal, aunque sí lo es en el ámbito de los delitos informáticos. Ya en su teoría general, Roxin[50] había planteado la necesidad de contemplar bienes jurídicos "funcionales" o "estructurales" cuyo ataque no afecta a una persona concreta, sino al buen funcionamiento de sectores relevantes del orden jurídico y económico. En el ámbito telemático, esta función se proyecta sobre la expectativa legítima de que los sistemas automáticos de pago, firma, validación

---

50 ROXIN, C. Derecho penal. Parte general. Tomo I (2.ª ed.) Madrid. Civitas. 2006

y autentificación operen sin interferencias ni manipulaciones externas que comprometan su integridad.

A nivel jurisprudencial, esta tendencia se observa en diversas resoluciones del Tribunal Supremo, en las que se ha reconocido que el perjuicio penalmente relevante puede surgir no sólo de un desplazamiento económico concreto, sino también de la alteración dolosa de la funcionalidad de los sistemas técnicos de confianza. Así, por ejemplo, la Sentencia del Tribunal Supremo núm. 3761/2010[51], analiza un caso de estafa informática en el que no se produjo una pérdida directa por parte de la víctima, pero sí una utilización fraudulenta del canal electrónico que justificó la subsunción de la conducta en el tipo del artículo 248.2 CP.

En este mismo sentido, el Convenio de Budapest sobre Ciberdelincuencia establece que la finalidad de la criminalización de las manipulaciones tecnológicas no es solo evitar pérdidas económicas, sino también salvaguardar la integridad de los entornos digitales como infraestructuras esenciales de la vida moderna[4]. Así lo recoge el artículo 7 del citado instrumento, cuando tipifica el fraude informático como toda interferencia que provoque un perjuicio con intención de obtener un beneficio ilegítimo mediante la introducción, alteración, borrado o supresión de datos, o la interferencia en el funcionamiento de un sistema informático.

Desde el punto de vista técnico, los sistemas telemáticos de transacción no son meros medios para la circulación de bienes, sino espacios normativamente estructurados en los que se deposita confianza jurídica y técnica. La quiebra de dicha confianza puede tener consecuencias sistémicas, como la desconfianza en plataformas bancarias, la desafección del consumidor digital o la paralización de mercados financieros ante ataques masivos o

---

51 STS. 3761/2010, de 28 de mayo. ECLI:ES:TS:2010:3761

fraudes persistentes. Por tanto, el daño provocado por la estafa informática no debe evaluarse únicamente desde la perspectiva patrimonial, sino también desde su potencial lesivo sobre el capital simbólico de confianza en la tecnología institucional.

En el ámbito comparado, se ha desarrollado un concepto complementario: la llamada *cyber trust liability*, entendida como la obligación jurídica y ética de los operadores digitales de preservar entornos tecnológicamente fiables. En esta lógica, el Derecho penal opera como mecanismo de salvaguarda extrema frente a conductas que, por su potencial disruptivo, ponen en peligro esa confianza estructural. El sujeto que manipula simula, interfiere o distorsiona flujos automatizados para desviar activos patrimoniales, no sólo perjudica a la víctima directa, sino que mina el fundamento sobre el que reposa la credibilidad del sistema[52].

Esta construcción encuentra respaldo también en la doctrina de autores como Bacigalupo[53], quien alude a la necesidad de reconfigurar el bien jurídico penal a partir de "expectativas objetivas de lealtad funcional" en sistemas que ya no se sustentan en la interacción humana directa, sino en procesos algorítmicos de disposición patrimonial. De este modo, el Derecho penal se legitima para intervenir cuando el autor compromete la transparencia y fiabilidad de esos procesos.

Sin embargo, esta expansión del objeto de tutela no puede realizarse sin restricciones. La dogmática penal debe evitar que la noción de confianza sistémica se convierta en una cláusula

---

[52] LÓPEZ REY, A. Responsabilidad penal por vulneración de la confianza en el entorno digital. Revista de Derecho Penal y Criminología, 23(2), 2016, pp. 87–105.

[53] BACIGALUPO, S. Expectativas de lealtad funcional y responsabilidad penal en entornos automatizados. En A. Nieto Martín (Ed.), Derecho penal económico y de la empresa. Dykinson. 2016, pp. 73–91.

abierta de incriminación. La tutela de este bien jurídico exige delimitaciones normativas claras, límites proporcionales a la pena y una definición precisa de las conductas que comprometen dicho valor. En ese sentido, el recurso a la "confianza institucional" debe articularse mediante criterios interpretativos objetivos: alteración de sistemas de validación, suplantación digital automatizada, creación de artificios simulados de identidad bancaria, etc.

3.3. ESTAFAS EN SERVICIOS BANCARIOS Y FINANCIEROS DIGITALES

La transformación digital de los servicios financieros ha revolucionado la forma en que los ciudadanos interactúan con el sistema bancario y acceden a productos crediticios, cuentas corrientes, inversiones o pagos. Sin embargo, esta modernización ha traído consigo un profundo cambio en las formas comisivas de los delitos patrimoniales, particularmente de la estafa, que ha encontrado en el entorno digital un nuevo espacio de expansión y sofisticación técnica. El fraude en servicios bancarios y financieros digitales se ha convertido en una de las manifestaciones más graves de la ciberdelincuencia económica, no sólo por su capacidad lesiva sobre el patrimonio individual, sino por el riesgo sistémico que representa para la confianza en el sistema financiero y la integridad de los medios de pago electrónicos.

El tipo penal de estafa informática, contemplado en el artículo 248.2.a) del C.P, ha sido diseñado expresamente para dar cobertura a estas nuevas formas de fraude, al castigar a quien, con ánimo de lucro y mediante manipulación informática o artificio semejante, consiga una transferencia no consentida en perjuicio de otro. Esta formulación legal permite la persecución de operaciones realizadas sin el consentimiento del titular legítimo, aprovechando vulnerabilidades de los sistemas electrónicos, técnicas de suplantación de identidad o el uso indebido de herramientas digitales de validación.

Las modalidades más frecuentes de estafa en servicios financieros digitales, como abordamos al principio de esta obra, incluyen el *phishing* (suplantación de portales bancarios mediante correos o sitios fraudulentos), el *smishing* (envío de mensajes de texto falsos con enlaces maliciosos), el *vishing* (llamadas telefónicas fingidas en nombre de entidades financieras), y los fraudes mediante *malware* o aplicaciones maliciosas que capturan contraseñas y claves de autenticación de dos factores. Todas estas técnicas, ya analizadas, buscan vulnerar los mecanismos de seguridad establecidos por los bancos y simular el comportamiento del usuario legítimo para ejecutar órdenes de transferencia, modificación de datos o contratación de productos financieros.

Desde el punto de vista dogmático, la jurisprudencia española ha reconocido la consumación del delito incluso cuando la disposición patrimonial se produce de forma automatizada, sin intervención consciente de la víctima. La Sentencia del Tribunal Supremo núm. 834/2012[54], es paradigmática en este sentido: en ella se analiza la conducta de una persona que, tras ser captada por una supuesta empresa internacional, prestó su cuenta bancaria para recibir fondos sustraídos a través de técnicas de *phishing*. El Tribunal Supremo consideró que, aunque la acusada no ejecutó directamente la estafa, su participación resultó esencial para materializar el perjuicio patrimonial y asegurar la canalización del dinero hacia los autores intelectuales del fraude[2].

Este pronunciamiento refleja el reconocimiento de que el fraude bancario digital no se agota en la obtención de datos de acceso o la manipulación inicial del sistema, sino que requiere

---

[54] STS 834/2012, de 25 de octubre. ECLI:ES:TS:2012:8284

una estructura logística que permita trasladar los fondos obtenidos a canales difíciles de rastrear. Es en este punto donde cobran especial relevancia las figuras intermedias, como los denominados *money mules*, que prestan sus cuentas o identidades a cambio de una comisión, colaborando con la red delictiva sin necesidad de conocimientos técnicos específicos.

Además, los fraudes bancarios digitales se ven favorecidos por ciertos rasgos estructurales del sistema financiero moderno. La automatización de operaciones, la intermediación algorítmica, la estandarización de procedimientos de contratación y la desmaterialización de las relaciones jurídicas permiten que un defraudador pueda simular comportamientos legítimos con un alto grado de credibilidad ante los sistemas. Este fenómeno ha sido descrito como una ingeniería social tecnificada, donde el delincuente no engaña tanto al sujeto humano, sino al propio sistema automatizado que interpreta sus órdenes como válidas.

La legislación penal se ha visto obligada a adaptarse a esta nueva realidad mediante la inclusión de disposiciones específicas que amplían la protección del patrimonio en el entorno digital. Sin embargo, este esfuerzo debe complementarse con una perspectiva integral, que abarque tanto la prevención estructural (mediante la mejora de protocolos de autenticación, trazabilidad y respuesta temprana ante incidentes), como una respuesta penal eficaz ante la sofisticación de las nuevas formas delictivas. En este contexto, la intervención de entidades financieras como acusación particular ha cobrado relevancia, no sólo como mecanismo de reparación, sino como expresión de un interés institucional en la preservación de la confianza de los usuarios en los canales electrónicos[55].

---

55 GARCÍA PÉREZ, R. Responsabilidad penal y estafas financieras digitales. Revista Derecho Penal y Criminología, 34(2), 2020, pp. 215–242.

El impacto de estas estafas no es meramente individual. A diferencia del fraude tradicional, que se concentra en víctimas concretas, las estafas bancarias digitales suelen afectar a grandes colectivos, empleando estrategias masivas de captación (correos automáticos, ataques de fuerza bruta, suplantación de identidad corporativa). Por ello, la cuantificación del daño y la respuesta penal deben considerar su efecto expansivo sobre la reputación del sistema financiero, la exposición de datos sensibles y la creación de inseguridad generalizada en el uso de medios electrónicos.

Asimismo, resulta necesaria una coordinación eficaz entre jurisdicciones nacionales e internacionales. Muchos fraudes se inician en un país, se canalizan a través de intermediarios en otro y culminan en plataformas ubicadas en territorios con escasa cooperación judicial. Esto plantea desafíos probatorios importantes, así como problemas en la identificación de responsables, recuperación de activos y persecución eficaz. La participación en redes como Eurojust o Europol[56], y la ratificación de instrumentos como el Convenio de Budapest, han sido pasos fundamentales en la lucha contra la criminalidad financiera digital transfronteriza.

La estafa en servicios bancarios digitales constituye hoy uno de los mayores retos para el Derecho penal económico. Su configuración requiere una interpretación funcional del tipo penal, en la que el núcleo del injusto no se agote en el desplazamiento patrimonial, sino que integre también la desestabilización de los canales institucionales de pago y la quiebra de la confianza social en las plataformas electrónicas. La adecuada persecución penal de estas conductas demanda una dogmática sensible a las nuevas formas de engaño tecnificado, una política criminal coherente y una articulación efectiva entre prevención, sanción y reparación.

---

56 Europol. (2022). Money Muling Awareness Campaign. European Union Agency for Law Enforcement Cooperation.

3.4. PERSPECTIVA DE GÉNERO Y GRUPOS VULNERABLES ANTE FRAUDES DIGITALES

En el estudio del bien jurídico protegido en el contexto de las estafas cometidas a través de medios digitales, no puede obviarse la consideración de los impactos diferenciales que estos delitos tienen sobre ciertos grupos de población, particularmente desde una perspectiva de género y de vulnerabilidad estructural. Si bien la estafa informática afecta formalmente a cualquier persona titular de derechos patrimoniales susceptibles de disposición digital, lo cierto es que determinados colectivos son más susceptibles de convertirse en víctimas debido a su condición socioeconómica, nivel de alfabetización digital, edad, situación migratoria, dependencia afectiva o género. El análisis de estas desigualdades es indispensable para interpretar adecuadamente la función de tutela penal y orientar la política criminal hacia una protección efectiva y no meramente formalista.

Desde una perspectiva sustantiva, la dimensión de género en el fraude digital ha cobrado relevancia especialmente a partir del fenómeno de las llamadas *romance scams* o estafas sentimentales en línea. Este tipo de fraudes consiste en la simulación de relaciones afectivas virtuales —generalmente a través de redes sociales o plataformas de citas— en las que el estafador, tras ganarse la confianza emocional de la víctima, solicita dinero bajo pretextos diversos: enfermedad, urgencia familiar, problemas legales o necesidad de viajar para encontrarse con ella. Los datos empíricos muestran que una proporción significativa de las víctimas son mujeres de mediana edad o mayores, muchas veces en situación de soledad afectiva o dependencia emocional[57].

---

[57] INCIBE. (2021). Informe sobre fraudes digitales en relaciones afectivas: perfil de la víctima y estrategias de captación. Instituto Nacional de Ciberseguridad de España.

En este tipo de casos, el perjuicio no se limita al desplazamiento patrimonial: se produce además una afectación a la autonomía emocional, la dignidad personal y la integridad psíquica de la víctima. La jurisprudencia aún no ha incorporado plenamente esta dimensión al momento de valorar el dolo del autor o la gravedad del hecho, en mi opinión considero que estos fraudes deben analizarse con herramientas, que permitan visibilizar las estructuras de poder y manipulación que subyacen al vínculo fraudulento. Así, el bien jurídico protegido se amplía más allá del patrimonio, para incluir la libertad psicoafectiva y la indemnidad personal de la víctima en entornos digitales.

Además, la perspectiva de género se ve reforzada si se considera la utilización del cuerpo o la imagen de mujeres en estafas mediante sextorsión o chantajes digitales, en los que, tras un intercambio de contenido íntimo con apariencia voluntaria, el agresor amenaza con su difusión para obtener ventajas económicas. Este tipo de conductas, que pueden integrar tipos penales como la extorsión (art. 243 CP) o el descubrimiento y revelación de secretos (art. 197 CP), muchas veces encubren una estructura de estafa emocional que debe ser tenida en cuenta a la hora de interpretar el artículo 248.2 CP desde una óptica transversal.

Por otro lado, el análisis de otros grupos vulnerables pone de manifiesto que las estafas digitales no se distribuyen aleatoriamente en la sociedad, sino que tienden a concentrarse en colectivos con menor nivel de alfabetización digital, menor acceso a tecnologías seguras o condiciones de marginación. Es el caso, por ejemplo, de personas mayores, que suelen tener dificultades para reconocer plataformas falsas, interpretar advertencias de seguridad o realizar operaciones en línea con seguridad. La Agencia Española de Protección de Datos (AEPD) y el Instituto Nacional de Ciberseguridad (INCIBE) han identificado a este grupo como uno de los principales blancos de fraudes mediante falsas herencias, cobros por premios inexistentes, suplantaciones de entidades bancarias o venta de productos fraudulentos[58].

Asimismo, personas migrantes en situación de precariedad o con barreras idiomáticas son frecuentemente víctimas de fraudes laborales digitales, ofertas de alquiler inexistentes o solicitudes de documentos personales por vías ilegítimas. En muchos casos, la desconfianza hacia las instituciones, el desconocimiento del idioma o el miedo a denunciar impiden que estos delitos salgan a la luz, generando una cifra negra que obstaculiza la correcta persecución penal[59]. Este fenómeno pone en cuestión el principio de igualdad real en la protección penal del patrimonio, ya que los mecanismos institucionales no alcanzan de forma efectiva a quienes están fuera de los canales tradicionales de denuncia y asesoramiento.

En el plano jurídico, estas asimetrías exigen una interpretación garantista del tipo penal y de los elementos del injusto que permita una protección más eficaz de las víctimas vulnerables. Nos parece acertado, incluso necesario, incorporar la noción de vulnerabilidad en estos contextos, entendiendola como una situación estructural de desventaja que reduce la capacidad de la víctima para detectar el engaño o reaccionar frente al fraude. Esta idea, desarrollada inicialmente en el ámbito del abuso sexual o la explotación laboral, podría extenderse a los delitos patrimoniales digitales en tanto se justifique una especial necesidad de tutela reforzada.

En el ámbito internacional, documentos como las Directrices de Naciones Unidas sobre Justicia Penal y Víctimas (1985) o la Recomendación CM/REC (2009)11 del Consejo

---

58 AEPD & INCIBE. Guía de buenas prácticas para personas mayores en internet.

59 MORALES PRATS, F. Delitos en Internet. En J. Lidón (Ed.), Dykinson. 2007.

de Europa sobre mujeres víctimas de delitos, establecen que los Estados deben adoptar medidas específicas para garantizar el acceso a la justicia de las personas en situación de vulnerabilidad. En el caso de las estafas digitales, esto incluye desde campañas de prevención en lenguas accesibles, hasta la formación de operadores jurídicos para detectar patrones de manipulación emocional o financiera en contextos de desigualdad de poder.

Desde el punto de vista judicial, aún queda camino por recorrer. La mayoría de las sentencias sobre estafa informática se limitan a analizar el perjuicio patrimonial sin considerar el contexto psicosocial de la víctima. No obstante, algunas resoluciones comienzan a incorporar esta perspectiva. Por ejemplo, la Sentencia de la Audiencia Provincial de Barcelona núm. 185/2020, reconoció la especial vulnerabilidad de una mujer mayor víctima de un fraude amoroso digital, y valoró como agravante el abuso de confianza instrumentalizada por el autor para obtener transferencias reiteradas[60].

En definitiva, el análisis del bien jurídico protegido en el fraude digital no puede obviar las desigualdades estructurales que inciden sobre la víctima. El género, la edad, el nivel educativo, el origen migrante o la situación de dependencia emocional son factores que incrementan el riesgo de ser engañado mediante medios tecnológicos. La tutela penal debe ser sensible a estas diferencias, integrando una perspectiva de género y vulnerabilidad que no solo aumente la eficacia en la persecución del delito, sino que reafirme el compromiso del Derecho penal con la igualdad sustantiva y la justicia redistributiva en entornos digitales.

---

60 SAP de Barcelona, Sección 10.ª 185/2020, de 22 de junio.

3.5. CRITERIOS PARA LA DETERMINACIÓN DEL PERJUICIO PATRIMONIAL

Uno de los elementos esenciales para la consumación del delito de estafa informática, es la existencia de un perjuicio patrimonial causado mediante manipulación informática o artificio semejante. Esta exigencia, que se mantiene como núcleo estructural del tipo penal, plantea en el entorno digital una serie de desafíos dogmáticos y probatorios que requieren ser abordados con especial atención. A diferencia del fraude tradicional, donde la voluntad viciada de la víctima genera un desplazamiento identificable e individualizado, en los entornos digitales el perjuicio puede ser indirecto, automatizado, fraccionado o distribuido entre múltiples perjudicados, lo que dificulta su evaluación y acreditación en sede judicial.

La jurisprudencia española ha admitido, desde una interpretación funcional del tipo, que el perjuicio patrimonial en el contexto de las estafas tecnológicas puede manifestarse de formas no convencionales, siempre que exista una pérdida efectiva o un menoscabo relevante del derecho de disposición económica. No se requiere, por tanto, una sustracción material de dinero en efectivo, sino que basta con acreditar una transferencia no consentida de activos, una modificación ilegítima de condiciones contractuales con valor económico o una afectación a la disponibilidad patrimonial de la víctima.

La Sentencia del Tribunal Supremo núm. 3761/2010[61], estableció que el perjuicio patrimonial puede inferirse incluso cuando no hay una pérdida directa, si se constata una alteración no autorizada del sistema de disposición de fondos por parte del titular. En dicho fallo, el Alto Tribunal reafirmó que la manipulación informática que provoca un resultado económico adverso, aunque sea de forma automática, debe entenderse como

[61] STS 3761/2010, de 28 de mayo. ECLI:ES:TS: 2010:3761.

suficiente para configurar el tipo penal, sin que sea exigible una intervención consciente por parte del perjudicado.

En el caso de fraudes en masa o automatizados, como los perpetrados mediante *phishing* masivo, la prueba del perjuicio se complica por la multiplicidad de víctimas y la fragmentación del resultado lesivo. Esto ha obligado a los tribunales a aceptar el uso de medios indiciarios y pruebas periciales informáticas que reconstruyen el itinerario delictivo, identifican el patrón de ataque y cuantifican el valor de los activos desviados. La jurisprudencia ha reconocido la validez de estas técnicas probatorias, siempre que permitan una reconstrucción razonable del daño y garanticen el derecho de defensa del acusado.

En este contexto, se han desarrollado distintos criterios doctrinales para determinar la existencia y cuantía del perjuicio patrimonial, aplicables tanto en el ámbito sustantivo como en el plano procesal:

a) Desplazamiento económico efectivo: El criterio clásico exige la existencia de un flujo de valor desde el patrimonio de la víctima al del autor o a un tercero vinculado. Este desplazamiento debe ser ilegítimo, sin consentimiento del titular y con vocación de permanencia. En los entornos digitales, este criterio se adapta a las transferencias electrónicas no consentidas, cargos indebidos, descargas de activos virtuales, pagos mediante plataformas de terceros o contratación forzada de productos financieros.

b) Pérdida de disponibilidad patrimonial: En algunos casos, la simple imposibilidad de utilizar los fondos por parte del titular legítimo, aunque no se haya completado el traslado de activos, constituye un perjuicio jurídicamente relevante. Así sucede cuando un sistema bloquea la cuenta de la víctima por actividades sospechosas tras una suplantación, o cuando se impone a la víctima la carga de defenderse ante una reclamación derivada de un contrato fraudulento suscrito en su nombre[62].

c) Costes de reparación y restitución: La doctrina más reciente ha considerado que los gastos en los que incurre la víctima para revertir la operación fraudulenta (recuperación de claves, desplazamientos, asesoría legal, etc.) pueden computarse como parte del perjuicio patrimonial. Del mismo modo, si la entidad financiera revierte el daño, pero carga al cliente comisiones u honorarios por gestión, estas cantidades deben incluirse en el cálculo del perjuicio[63].

d) Daño emergente y lucro cesante: La doctrina civilista tradicional en materia de responsabilidad patrimonial distingue entre daño emergente (pérdida sufrida) y lucro cesante (ganancia frustrada). Esta distinción también ha sido aceptada en el ámbito penal para cuantificar el perjuicio de estafas que, aunque no hayan implicado una pérdida directa, han impedido a la víctima realizar una operación rentable, acceder a un crédito o mantener una inversión activa[64].

e) Pérdida reputacional o de valor de mercado: En fraudes dirigidos contra personas jurídicas, el perjuicio puede consistir en la pérdida de clientela, deterioro de la reputación o impacto negativo en el valor de marca como consecuencia de una suplantación o ataque digital. Aunque este tipo de perjuicio es más difícil de cuantificar,

62 ORCOY BIDASOLO, M. *El bien jurídico en los delitos patrimoniales complejos.* Revista Electrónica de Ciencia Penal y Criminología, 7, art. 12. 2025.

63 INCIBE. Guía para la protección frente a fraudes digitales financieros

64 GÓMEZ-JARA DÍEZ, C. Derecho penal económico europeo. Tirant lo Blanch. 2014

la jurisprudencia admite su consideración como parte del daño penalmente relevante si se prueba su relación causal con la acción fraudulenta[65].

Estos criterios deben aplicarse con prudencia y bajo el principio de proporcionalidad, a fin de evitar inflar artificialmente el valor del perjuicio o generar desigualdades en la imposición de penas. La imputación del perjuicio debe ir acompañada de una evaluación rigurosa del dolo del autor, la previsibilidad del daño y el vínculo de causalidad entre el artificio empleado y el resultado económico.

Por otra parte, en el ámbito del proceso penal, la determinación del perjuicio patrimonial tiene consecuencias en la fijación de la responsabilidad civil derivada del delito, la imposición de medidas cautelares sobre bienes del acusado, la fijación de indemnizaciones y la determinación del umbral de gravedad en ciertos tipos agravados. Por ejemplo, el artículo 250 CP prevé la agravación de la pena cuando el perjuicio supere los 50.000 euros, lo que exige una delimitación clara y justificada del quantum del daño.

La evaluación del perjuicio patrimonial en el contexto de las estafas digitales exige abandonar enfoques rígidos y adoptar una interpretación funcional del concepto de "daño", acorde con las características del entorno digital. La cuantificación debe considerar no sólo la pérdida económica inmediata, sino también los efectos indirectos, los costes asociados a la reparación, la pérdida de uso y las consecuencias jurídicas derivadas del uso ilegítimo de los sistemas tecnológicos de disposición. Solo de este modo puede garantizarse una protección penal completa, justa y adecuada frente a las nuevas formas de criminalidad patrimonial en el ciberespacio.

---

65 AEPD. Informe sobre impacto reputacional por incidentes de ciberseguridad en empresas

4. *Cuestiones jurídico-penales y vacíos normativos*

4.1. LAGUNAS DE TIPICIDAD EN CONTEXTOS TECNOLÓGICOS EMERGENTES

La tipicidad penal constituye la garantía formal de legalidad que exige que una conducta esté expresamente prevista por el legislador como delito para poder ser sancionada. En el contexto de las nuevas tecnologías, esta garantía se ve constantemente desafiada por la rapidez con que emergen nuevas formas de conducta que pueden causar daños jurídicamente relevantes, pero que no encuentran un reflejo claro en las normas penales tradicionales. Esta disonancia se traduce en lo que doctrinalmente se ha conceptualizado como lagunas de tipicidad penal tecnológica.

El crecimiento exponencial del ciberespacio como ámbito de interacción humana ha dado lugar a prácticas como el "phishing", el "smishing", el "spoofing" o el uso de deepfakes con fines defraudatorios, cuya incriminación presenta obstáculos tanto dogmáticos como técnico-legislativos. Uno de los principales retos identificados por Balmaceda Hoyos es que estas formas de defraudación, aunque producen un desplazamiento patrimonial claro, muchas veces se realizan sin que exista un "engaño" dirigido a una persona física, lo que entra en tensión con la exigencia típica del animus decipiendi que caracteriza a la estafa tradicional en el modelo continental europeo[66].

---

66 *Ob cit.*

El artículo 248.2.a) del Código Penal español introdujo el tipo de estafa informática precisamente para superar estas limitaciones, tipificando los supuestos en los que, con ánimo de lucro y mediante una manipulación informática o "artificio semejante", se produce una transferencia patrimonial no consentida. No obstante, la jurisprudencia ha debido interpretar de manera extensiva este último término para cubrir aquellas formas de fraude que, si bien no implican manipulación informática en sentido estricto, logran resultados equivalentes mediante otras maquinaciones técnico-mecánicas, como evidenció la STS 838/2023, de 16 de noviembre[67].

En dicha resolución, el Tribunal Supremo abordó el caso de unos individuos que manipularon mecánicamente una ruleta electrónica para alterar su resultado, determinando que dicha actuación podía subsumirse en la expresión "artificio semejante" aun sin intervención informática directa. Este fallo, más allá de su relevancia casuística, representa un hito en la interpretación jurisprudencial extensiva de un tipo penal que, de otro modo, quedaría obsoleto frente a la versatilidad delictiva digital.

Sin embargo, esta expansión interpretativa también conlleva riesgos. Desde el principio de legalidad penal (nullum crimen, nulla poena sine lege), recogido en el artículo 1.1 del Código Penal español, cualquier ambigüedad en la norma penal debe resolverse en favor del reo. Así, una interpretación excesivamente amplia del tipo puede entrar en conflicto con el mandato de taxatividad legal. La doctrina penal ha advertido que el uso excesivo de cláusulas abiertas o conceptos jurídicos indeterminados en la redacción normativa no debe sustituir la necesaria actualización del derecho penal positivo mediante reformas legislativas expresas[68].

---

67 STS 838/2023, de 16 de noviembre. CENDOJ: 28079120012023100838.

68 *Ob cit.*

La jurisprudencia también ha comenzado a pronunciarse sobre los límites del concepto de engaño en el contexto digital. En este sentido, se ha cuestionado si el mero uso de interfaces manipuladas o identidades falsas en entornos virtuales puede considerarse "engaño bastante" sin mediar comunicación directa con la víctima. La doctrina mayoritaria se muestra escéptica respecto de esta extensión, por entender que desdibuja los límites entre los delitos contra el patrimonio y aquellos que afectan a la integridad de los sistemas o a la confidencialidad de los datos[69].

Esta tensión evidencia una omisión legislativa relevante, que impone la urgente necesidad de una actualización normativa sistemática y tecnológicamente sensible. Algunos autores como Crescioli proponen la adopción de tipos penales tecnológicos neutrales que no dependan de la herramienta utilizada (por ejemplo, "manipulación de sistemas de pago") sino del efecto jurídico lesivo, como estrategia para garantizar tanto la seguridad jurídica como la efectividad penal frente a nuevas modalidades delictivas[70].

Asimismo, resulta imprescindible reforzar el diálogo entre el legislador nacional y los compromisos internacionales asumidos por España en virtud de la Convención sobre Ciberdelincuencia del Consejo de Europa (Convenio de Budapest), que establece estándares mínimos de tipificación para delitos cometidos mediante sistemas informáticos[71]. La armonización legislativa con el Derecho penal europeo y la anticipación tecnológica constituyen, en este sentido, imperativos inaplazables.

---

69 *Ob cit.*

70 *Ob cit.*

71 Consejo de Europa. (2001). Convenio sobre la Ciberdelincuencia. Budapest, 23.XI.2001. Disponible en: https://www.coe.int/en/web/conventions/full-list/-/conventions/treaty/185

4.2. DESAFÍOS PROBATORIOS: PRUEBA ELECTRÓNICA Y CADENA DE CUSTODIA

Uno de los problemas más complejos que enfrenta el Derecho penal contemporáneo en el ámbito de los delitos tecnológicos es el relativo a la obtención, integridad y valoración de la prueba electrónica. Este tipo de prueba, que se origina en entornos digitales y queda registrada en soportes informáticos, plantea un doble desafío: asegurar su autenticidad y garantizar su validez procesal conforme a los principios rectores del proceso penal, especialmente los de contradicción, inmediación y cadena de custodia.

La prueba electrónica no constituye una categoría probatoria autónoma desde el punto de vista legal, pero sí representa una realidad procesal diferenciada por su forma de obtención, almacenamiento, vulnerabilidad y manipulación. En este contexto, la cadena de custodia digital cobra especial relevancia como garantía procesal de integridad. Tal como ha señalado la doctrina especializada, cualquier alteración, omisión o defecto en la custodia del material digital puede comprometer no solo la prueba, sino el conjunto del proceso penal[72].

Este riesgo se ve incrementado en los entornos hiperconectados, donde los datos relevantes para una investigación penal (logs, direcciones IP, metadatos, historiales de navegación, etc.) pueden encontrarse dispersos entre múltiples servidores, localizados incluso en jurisdicciones extranjeras. Este fenómeno, descrito como extraterritorialidad de la evidencia digital, exige la colaboración internacional inmediata y el uso de tratados multilaterales como el Convenio de Budapest,

---

72 VIOTA MAESTRE, M. "Problemas relacionados con la investigación de los denominados delitos informáticos", en Delito e informática: algunos aspectos, Cuadernos Penales José María Lidón, núm. 4, Universidad de Deusto, 2007, pp. 237-258

que establece protocolos para la preservación y transmisión de datos en investigaciones transfronterizas[73].

Los estándares de integridad probatoria se ven también tensionados por el dinamismo propio de los sistemas digitales, en los que los datos pueden ser volátiles, fácilmente replicables y modificables sin dejar rastros visibles. En consecuencia, el procedimiento de recolección, almacenamiento y análisis debe realizarse bajo protocolos técnicos estrictos que aseguren tanto la originalidad como la trazabilidad de la evidencia digital. Como ha recordado la Comisión de Ética Judicial en sus dictámenes recientes, los jueces deben extremar su prudencia valorativa en estos casos, ponderando no solo la licitud formal de la obtención, sino su fiabilidad técnica[74].

Por otra parte, el tratamiento judicial de la prueba electrónica debe respetar los derechos fundamentales del imputado, en particular el derecho a no declarar contra sí mismo y a no contribuir a su propia incriminación. Esto se hace especialmente relevante en los supuestos de extracción forzosa de datos personales, como contraseñas, patrones biométricos o acceso a dispositivos móviles, donde la jurisprudencia europea ha comenzado a sentar límites cada vez más definidos[75].

En España, el artículo 588 bis a) y siguientes de la Ley de Enjuiciamiento Criminal ha incorporado algunas previsiones relativas al uso de técnicas especiales de investigación, como el acceso remoto a sistemas informáticos o la interceptación de comunicaciones electrónicas, lo cual constituye un avance normativo. Sin embargo, diversos sectores doctrinales siguen

---

73 Consejo de Europa. Convenio sobre la Ciberdelincuencia. Budapest, 23.XI.2001. Artículos 16-18. Disponible en: https://www.coe.int/en/web/conventions/full-list/-/conventions/treaty/185.

74 Comisión de Ética Judicial. *Dictámenes y acuerdos 2018-2023*, Consejo General del Poder Judicial, Madrid, pp. 15-20

75 *Ob cit.*

denunciando la ausencia de una ley integral sobre prueba digital que regule, con criterios de seguridad jurídica y proporcionalidad, todo el ciclo probatorio: desde la captación del dato hasta su presentación en juicio[76].

Finalmente, debe señalarse que, en lo que respecta al contenido probatorio digital, la prueba documental electrónica presenta dificultades específicas: su autenticación no se realiza por presencia física, sino a través de mecanismos técnicos (firmas digitales, hash, time-stamps), cuya comprensión y validación exigen conocimientos expertos. Esta dependencia tecnológica obliga a un diálogo más fluido entre juristas e ingenieros, así como a una capacitación continua de jueces y fiscales en competencias digitales mínimas[77].

En definitiva, los desafíos probatorios que plantea el ecosistema digital no solo exigen una actualización legislativa profunda, sino una transformación estructural del sistema penal, que debe adaptarse para seguir garantizando los derechos procesales en un entorno cada vez más intangible.

4.3. INTERNACIONALIZACIÓN DEL DELITO Y COMPETENCIA JURISDICCIONAL

La internacionalización del cibercrimen representa uno de los retos más agudos para los sistemas penales modernos, al difuminarse los contornos clásicos de territorialidad, competencia jurisdiccional y soberanía estatal. La ubicuidad de Internet

---

76 GONZÁLEZ RUS, J.J. "Precisiones político-criminales sobre la intervención penal en Internet", en Delito e informática: algunos aspectos, op. cit., 2007, pp. 13-40

77 SANCHÍS CRESPO, C. "El levantamiento de la carga de la prueba en Internet: ¿ficción o realidad?", en Delito e informática: algunos aspectos, op. cit., pp. 375-389

permite que un delito informático pueda planearse desde un país, ejecutarse desde otro y tener víctimas dispersas globalmente, lo que configura un escenario de fragmentación jurisdiccional sin precedentes.

En este nuevo contexto, el principio tradicional de territorialidad —recogido en el artículo 23 de la Ley Orgánica del Poder Judicial española— resulta insuficiente para resolver los conflictos de competencia entre Estados cuando los actos delictivos se desarrollan en múltiples jurisdicciones. Las doctrinas clásicas de imputación territorial, como la teoría de la ubicuidad o del lugar del resultado, carecen de eficacia práctica frente a conductas realizadas a través de redes distribuidas, donde el "lugar del delito" puede ser, simultáneamente, cualquier nodo de la cadena digital.

Este vacío operativo ha motivado que el Convenio de Budapest del Consejo de Europa (2001) instara a los Estados parte a adoptar medidas legislativas que permitan extender su jurisdicción penal a delitos informáticos cometidos total o parcialmente fuera de sus fronteras, siempre que exista un nexo relevante con intereses jurídicos nacionales[78]. España ha implementado esta directriz en su legislación, aunque su aplicación sigue siendo limitada por la falta de mecanismos ejecutivos eficaces y por las tensiones políticas inherentes a la cooperación judicial internacional.

La doctrina penal contemporánea, como bien resume Oxman, ha planteado la necesidad de avanzar hacia un concepto de jurisdicción funcional y teleológica en materia de delitos informáticos, es decir, un criterio que priorice la protección del bien jurídico transnacional sobre la ubicación física de los

---

78 Consejo de Europa. Convenio sobre la Ciberdelincuencia. Budapest, 23.XI.2001. Arts. 22-24. Disponible en: https://www.coe.int/en/web/conventions/full-list/-/conventions/treaty/185

dispositivos o servidores implicados[79]. Esta visión, sin embargo, requiere una reformulación integral de los principios de soberanía y subsidiariedad penal, aún fuertemente arraigados en los sistemas de justicia nacionales.

Desde una perspectiva operativa, la cooperación judicial internacional enfrenta enormes dificultades, tanto logísticas como jurídicas. La obtención de pruebas electrónicas almacenadas en servidores situados en otros países requiere asistencia judicial recíproca, habitualmente canalizada a través de comisiones rogatorias que, en la práctica, resultan lentas, burocráticas e ineficaces. La doctrina crítica ha denominado este fenómeno como "crisis de ejecución extraterritorial", lo que implica que muchos ciberdelincuentes operan en la impunidad efectiva, sabiendo que las barreras legales ralentizarán o anularán su persecución[80].

A ello se suma la falta de estándares internacionales uniformes en materia de delitos informáticos. Mientras algunos países consideran penalmente irrelevantes ciertas conductas de manipulación digital, otros las castigan severamente. Esta asimetría normativa, como explica Fernández Teruelo, crea zonas grises de oportunidad para los criminales tecnológicos, quienes se benefician del denominado "forum shopping negativo", eligiendo operar desde jurisdicciones laxas[81].

En este marco, se ha propuesto la constitución de una jurisdicción penal digital supranacional, al estilo del Tribunal Penal Internacional, pero especializada en cibercrimen, con competencias concurrentes y subsidiarias frente a los tribuna-

---

79 *Ob cit.*

80 *Ob cit.*

81 FERNÁNDEZ TERUELO, J. "Clásicas y nuevas conductas fraudulentas ejecutadas en la red", en Un modelo integral de Derecho penal, BOE, 2022, pp. 1135-1150

les nacionales. Aunque todavía utópica, esta idea refleja una convicción cada vez más compartida: el cibercrimen no puede combatirse eficazmente desde ópticas nacionales fragmentadas, sino desde un modelo cooperativo, ágil, armonizado y orientado a la acción inmediata[82].

Hasta que ese modelo se materialice, el camino pasa por fortalecer los mecanismos de cooperación judicial directa entre fiscales especializados, mejorar la formación técnica de jueces y policías, y fomentar el uso de equipos conjuntos de investigación transfronterizos, tal como prevé Europol o Eurojust.

En conclusión, la internacionalización de los delitos informáticos ha desbordado el marco de referencia de la justicia penal nacional. Superar este desafío no solo exige una evolución jurídica profunda, sino una transformación de las estructuras institucionales que garantizan el ejercicio efectivo del ius puniendi en la era digital.

4.4. RESPONSABILIDAD PENAL DE PERSONAS JURÍDICAS Y "COMPLIANCE"

La introducción de la responsabilidad penal de las personas jurídicas en el ordenamiento jurídico español, a través de la reforma del Código Penal operada por la Ley Orgánica 5/2010 y su posterior modificación por la Ley Orgánica 1/2015, ha supuesto un cambio paradigmático en la forma en que se concibe la imputación penal en el ámbito corporativo. Este nuevo marco legal ha exigido a las organizaciones la adopción de medidas eficaces para prevenir la comisión de delitos en su seno, destacando entre ellas la implementación de sistemas de gestión de compliance penal.

---

82 *Ob cit.*

Evolución legislativa y fundamento normativo

El artículo 31 bis del Código Penal establece que las personas jurídicas serán penalmente responsables de los delitos cometidos, en su nombre o por su cuenta, y en su beneficio directo o indirecto, por sus representantes legales o por aquellos que, estando sometidos a la autoridad de los anteriores, hayan podido realizar los hechos por no haberse ejercido sobre ellos el debido control. Este precepto introduce la posibilidad de que la persona jurídica quede exenta de responsabilidad si ha adoptado y ejecutado con eficacia, antes de la comisión del delito, modelos de organización y gestión que incluyan medidas de vigilancia y control idóneas para prevenir delitos de la misma naturaleza o para reducir significativamente el riesgo de su comisión.

En este contexto, la Norma UNE 19601, publicada en 2017 por la Asociación Española de Normalización (UNE)[83], se erige como el estándar de referencia para la implementación de sistemas de gestión de compliance penal en España. Esta norma establece los requisitos para implantar, mantener y mejorar continuamente un sistema de gestión que permita prevenir la comisión de delitos y reducir el riesgo penal en las organizaciones.

Elementos clave de la Norma UNE 19601

La Norma UNE 19601 se estructura en varios apartados que abordan aspectos fundamentales para la gestión eficaz del compliance penal:

1. **Contexto de la organización**: Se requiere que la organización comprenda su contexto interno y externo, identificando los factores que pueden afectar a su capacidad

---

83 Asociación Española de Normalización. UNE 19601:2017. Sistemas de gestión de compliance penal. Requisitos con orientación para su uso.

para alcanzar los objetivos del sistema de gestión de compliance penal.

2. **Liderazgo**: La alta dirección debe demostrar liderazgo y compromiso con respecto al sistema de gestión, asegurando la asignación de recursos y la integración de los requisitos del sistema en los procesos de la organización.

3. **Planificación**: Implica la identificación y evaluación de riesgos penales, así como la planificación de acciones para abordarlos y alcanzar los objetivos del sistema de gestión.

4. **Apoyo**: Incluye la provisión de recursos, la competencia del personal, la concienciación, la comunicación y la información documentada necesaria para el funcionamiento eficaz del sistema.

5. **Operación**: Se refiere a la planificación, implementación y control de los procesos necesarios para cumplir los requisitos del sistema de gestión de compliance penal.

6. **Evaluación del desempeño**: La organización debe realizar un seguimiento, medición, análisis y evaluación del desempeño del sistema de gestión, incluyendo auditorías internas y revisiones por la dirección.

7. **Mejora**: Se centra en la mejora continua del sistema de gestión de compliance penal, abordando no conformidades y adoptando acciones correctivas.

La implementación de la Norma UNE 19601 permite a las organizaciones demostrar su compromiso con el cumplimiento legal y ético, y puede ser un factor atenuante o eximente de responsabilidad penal en caso de comisión de delitos.

Integración con otros estándares y beneficios adicionales

La Norma UNE 19601 es compatible con otros estándares internacionales, como la ISO 37001 sobre sistemas de gestión antisoborno y la ISO 37301 sobre sistemas de gestión de compliance. Esta compatibilidad facilita la integración de los sistemas de gestión y permite a las organizaciones abordar de manera holística los riesgos legales y éticos.

Entre los beneficios adicionales de implementar un sistema de gestión de compliance penal conforme a la UNE 19601 se incluyen:

- **Mejora de la reputación corporativa**: Demuestra el compromiso de la organización con la legalidad y la ética empresarial.
- **Reducción del riesgo penal**: Permite identificar y mitigar los riesgos de comisión de delitos en la organización.
- **Ventaja competitiva**: Puede ser un factor diferenciador en licitaciones y relaciones comerciales.
- **Confianza de las partes interesadas**: Genera confianza entre clientes, proveedores, inversores y autoridades.

Es importante señalar que la mera implementación de la Norma UNE 19601 no garantiza la exoneración de responsabilidad penal, pero sí puede ser una prueba de la diligencia debida de la organización en la prevención de delitos.

4.4.1 Complementos dogmáticos y jurisprudenciales: hacia una responsabilidad penal efectiva

La responsabilidad penal de las personas jurídicas no solo ha transformado el sistema sancionador, sino que ha generado un amplio debate doctrinal sobre su compatibilidad con los principios fundamentales del Derecho penal. Uno de los ejes centrales de este debate gira en torno al principio de culpabilidad y la exigencia de actuación dolosa o negligente, categorías clásicamente reservadas a las personas físicas.

No obstante, la jurisprudencia y la doctrina han evolucionado hacia una comprensión funcional de la culpabilidad en el ámbito corporativo, apoyada en la idea de "defecto de organización" como presupuesto de la imputación. Como señala Adán Nieto Martín, este modelo permite justificar dogmáticamente la responsabilidad penal de la persona jurídica sin renunciar a las garantías del Derecho penal clásico, al concebirla como una culpa organizativa, equivalente a la omisión de medidas estructurales de prevención[84].

Este planteamiento ha sido respaldado por la jurisprudencia española. En particular, la Sentencia de la Audiencia Nacional (SAN) núm. 246/2019, sobre el caso Banco Popular–Santander, ha aportado elementos clave para delimitar los criterios de imputación penal de las personas jurídicas. En esta resolución se subraya que la responsabilidad penal corporativa debe derivar de una "deficiencia grave de vigilancia o control, imputable a un defecto estructural en la organización", descartando así la mera responsabilidad por el hecho de terceros[85].

La doctrina también ha advertido de los riesgos de convertir el compliance en un mero instrumento defensivo o formalista. Tal como ha advertido Juan Antonio Lascuraín, el modelo de compliance solo será eficaz si se articula como una verdadera cultura de legalidad, integrada en los procesos de toma de decisiones y alineada con la estrategia corporativa, y no como un conjunto de protocolos vacíos o descontextualizados[86].

---

84 *Ob cit.*

85 SAN246/2019,Sección4ª,de30deabril.CENDOJ:28079240042019100246

86 LASCURAÍN SÁNCHEZ, J.A. "Elogio de la responsabilidad penal de la persona jurídica", *Un modelo integral de Derecho penal*, BOE, 2022, pp. 195-206

Por otro lado, la Ley Orgánica 1/2015 introdujo una importante novedad al establecer un sistema de atenuación y exención de la responsabilidad penal para aquellas personas jurídicas que hubieran implementado con carácter previo un modelo de prevención eficaz (art. 31 bis 2 y 4 CP). Esta disposición convirtió el compliance penal en un elemento central de la estrategia defensiva de las empresas, ya que permite evitar la condena o, al menos, obtener una reducción significativa de la pena.

Entre las penas aplicables a las personas jurídicas (art. 33.7 CP), se incluyen desde la multa proporcional hasta la disolución judicial, pasando por la suspensión de actividades, clausura de locales, inhabilitaciones y la intervención judicial. El carácter gravoso de estas sanciones obliga a las empresas a tomarse en serio sus obligaciones de prevención penal, ya que una condena podría suponer la desaparición jurídica o el colapso reputacional de la entidad.

La doctrina especializada ha destacado la necesidad de armonizar los modelos de compliance penal con otras herramientas de control corporativo, como los códigos éticos, los canales de denuncia (whistleblowing), la formación continua del personal y la supervisión independiente a través de órganos de cumplimiento. Esta visión integral ha sido recogida en la ISO 37301:2021, que amplía la perspectiva de compliance más allá del ámbito penal, incluyendo aspectos de responsabilidad social, normativa medioambiental y buen gobierno corporativo[87].

Además, el marco UNE 19601 no se limita a la identificación de riesgos penales, sino que promueve una lógica de mejora continua, en línea con el ciclo PDCA (Plan-Do-Check-Act), que resulta esencial para demostrar la eficacia del sistema preventivo y adaptarse a nuevas amenazas del entorno empresarial.

---

87 International Organization for Standardization. ISO 37301:2021 – Compliance management systems – Requirements with guidance for use- 2021.

Un aspecto especialmente delicado es el relativo a la independencia y autonomía del oficial de cumplimiento (compliance officer). Tal como advierte la doctrina, este debe tener acceso directo a la alta dirección, contar con recursos suficientes y actuar con autonomía funcional. En caso contrario, el modelo pierde su valor eximente y puede convertirse en un simple "compliance de papel"[88].

En suma, la responsabilidad penal de las personas jurídicas y el desarrollo normativo y técnico del compliance penal constituyen un avance incuestionable en la lucha contra el delito económico y tecnológico. No obstante, este progreso solo será efectivo si se acompaña de una verdadera cultura organizacional de prevención, respaldada por normas claras, recursos adecuados, supervisión independiente y compromiso ético real de los órganos de gobierno.

4.5. INEFICACIA DE LOS TIPOS TRADICIONALES FRENTE AL "CYBERCRIME-AS-A-SERVICE"

La evolución del delito en entornos digitales ha superado, en muchos casos, la capacidad de respuesta del Derecho penal tradicional. Una de las manifestaciones más inquietantes de esta transformación es la emergencia del fenómeno denominado cybercrime-as-a-service (CaaS), entendido como la provisión, mediante modelos de negocio estructurados, de herramientas, conocimientos o servicios para facilitar la comisión de delitos informáticos por terceros. Este modelo reproduce la lógica de la economía colaborativa, pero con finalidades claramente ilícitas, generando un mercado negro digital globalizado, accesible y altamente eficiente.

88 DOPICO GÓMEZ-ALLER, J. Derecho penal económico y de la empresa. Dykinson, Segunda edición, 2024, pp. 147-154

En este contexto, el delincuente no necesita poseer habilidades técnicas avanzadas: puede adquirir por un precio módico un paquete de ataque completo (phishing kit, ransomware-as-a-service, ataques DDoS bajo demanda), alojado en la deep web o distribuido por redes cifradas, y utilizarlo sin dejar rastro visible. Esta fragmentación de funciones entre proveedor y ejecutor, junto con el anonimato que caracteriza al ciberespacio, hace prácticamente inoperantes las categorías clásicas de autoría, participación o tentativa, así como las concepciones normativas sobre dolo y culpabilidad individual.

Como subraya Crescioli en su análisis comparado entre España e Italia, los tipos tradicionales de estafa informática recogidos en el artículo 248.2 CP no son suficientes para abarcar el nuevo espectro de conductas propias del mercado criminal digital, pues se encuentran pensados para fraudes individualizados y no para estructuras delictivas delegadas y automatizadas que operan en redes descentralizadas y multijurisdiccionales[1].

La doctrina penal ha intentado responder a este desafío mediante interpretaciones extensivas de los tipos penales existentes, pero esto ha generado tensiones evidentes con el principio de legalidad. Así, el término "artificio semejante" del artículo 248.2.a), interpretado en la STS 838/2023, ha sido estirado hasta incluir conductas mecánicas que distan mucho de la "manipulación informática" en sentido estricto, como zarandear una ruleta electrónica para alterar su resultado[2].

Sin embargo, esta ampliación casuística, aunque pragmáticamente eficaz, no resuelve los vacíos estructurales. El CaaS opera desde un plano organizacional análogo al crimen organizado, con especialización funcional, anonimato, descentralización y cooperación multinivel. Así, quien diseña un software malicioso, lo oferta en foros clandestinos, lo empaqueta con manuales de uso y lo actualiza periódicamente, se sitúa en una posición objetiva de proveedor de medios que no encaja ni en el tipo de estafa ni, en ocasiones, en el de descubrimiento y revelación de secretos (art. 197 CP), ni siquiera en el de daños informáticos (art. 264 CP), salvo que se produzca una afectación directa de sistemas.

Tal como observa González Rus, la ineficacia de los tipos clásicos se agrava por el hecho de que muchos de estos delitos no requieren, para su consumación, contacto alguno con la víctima. El fraude es automatizado, masivo, y sus efectos son visibles solo tras la consolidación del perjuicio, lo que dificulta también la trazabilidad probatoria y el encaje procesal de figuras como la tentativa o la participación por omisión[3].

En este marco, algunos autores proponen una aproximación legislativa nueva, centrada en tipos penales autónomos para el suministro de herramientas digitales con finalidad criminal. Así lo ha recogido parcialmente la Directiva (UE) 2013/40 sobre ataques contra los sistemas de información, al tipificar la fabricación, distribución y posesión de instrumentos diseñados para cometer delitos informáticos, como keyloggers, botnets o malware, pero dicha norma no ha sido plenamente transpuesta al ordenamiento español, quedando su implementación parcial y dispersa.

La falta de regulación integral sobre este tipo de prácticas conlleva una impunidad de facto. El diseño y comercialización de herramientas de hacking se encuentra, en muchos casos, amparado en la ambigüedad legal de usos duales: el software puede ser empleado para fines éticos (pentesting) o para actividades delictivas. Sin una norma específica que penalice su finalidad, resulta extremadamente complejo acreditar la intención dolosa en la fase de desarrollo o comercialización del producto.

Desde la perspectiva doctrinal, este vacío normativo obliga a repensar las nociones de peligrosidad típica y riesgo permitido, desplazando el foco desde el resultado hacia la creación de contextos de riesgo estructurado. En esta línea, autores como Dopico y Nieto sugieren una revisión del principio de intervención mínima, permitiendo anticipar la punibilidad en fases previas a la ejecución cuando se constata la producción masiva de instrumentos criminales[4].

Además, la lucha efectiva contra el CaaS exige mecanismos de cooperación internacional sólidos y ágiles. Tal como se indica en el Convenio de Budapest, la mera existencia de normas penales nacionales no es suficiente si no van acompañadas de procedimientos de colaboración judicial y policial transfronterizos, que incluyan medidas cautelares sobre dominios, cuentas cifradas y criptomonedas, donde muchas de estas transacciones se concretan[5].

En definitiva, la emergencia del CaaS desborda los contornos normativos del Derecho penal tradicional. Frente a esta nueva realidad criminal, es indispensable una reforma estructural que incluya:

- La tipificación autónoma del suministro de herramientas digitales con fines delictivos.
- La implementación plena de la Directiva 2013/40/UE.
- La integración de modelos preventivos basados en compliance digital.
- El desarrollo de tipologías penales orientadas a estructuras y no a individuos aislados.
- La formación especializada de operadores jurídicos en entornos digitales.

Solo desde un enfoque integral y prospectivo, que combine prevención, regulación e inteligencia jurídica, podrá el Derecho penal responder de forma adecuada a esta nueva economía delictiva del siglo XXI.

5. Aproximación a la jurisprudencia sobre cibercrimen

5.1. STS 838/2023 Y EL ALCANCE DEL CONCEPTO "ARTIFICIO SEMEJANTE"

La Sentencia del Tribunal Supremo 838/2023, de 16 de noviembre[89], constituye una resolución clave para la comprensión dogmática y jurisprudencial del delito de estafa informática en el marco del artículo 248.2.a) del Código Penal. Esta resolución resuelve uno de los problemas hermenéuticos más relevantes del tipo penal: el alcance de la expresión "artificio semejante" y su relación con la manipulación informática.

Previo a la reforma operada por la Ley Orgánica 14/2022, el citado precepto ya contemplaba que incurrían en estafa informática quienes, con ánimo de lucro, y valiéndose de una manipulación informática o de un artificio semejante, consiguiesen una transferencia patrimonial no consentida en perjuicio de un tercero. Sin embargo, la ambigüedad semántica de la expresión "artificio semejante" generaba dudas sobre si debía interpretarse como una técnica necesariamente vinculada a lo digital o si podía comprender maquinaciones analógicas que, por sus efectos, fuesen equiparables a una manipulación informática.

En el caso juzgado en la STS 838/2023, los acusados fueron condenados por manipular una ruleta electrónica en una casa de apuestas para provocar que la bola cayera en el color

---

89 STS 838/2023, de 16 de noviembre. CENDOJ: 28079120012023100838

sobre el que habían apostado. Realizaron esta acción de forma mecánica, zarandeando el dispositivo de manera controlada, obteniendo así premios económicos. El debate jurídico se centró en si esta conducta, carente de programación informática, podía ser subsumida en el tipo penal de estafa informática.

El Tribunal Supremo, en su Fundamento Jurídico Cuarto, realiza una interpretación extensiva del término "artificio semejante". Alega que este tipo penal "pretende cubrir un ámbito que no quedaba comprendido en la definición clásica de la estafa del art. 248.1 CP", incorporando nuevas formas de fraude vinculadas a sistemas electrónicos, aunque no necesariamente digitales. En este sentido, se afirma:

"Es evidente que cualquier maniobra fraudulenta de carácter informático queda incluida dentro de la primera modalidad comisiva —manipulación informática—, lo que haría innecesaria la utilización de la expresión 'artificio semejante', si se exigiera que este tuviera también que ser de carácter informático".

Este razonamiento evita una interpretación redundante del texto legal y permite abarcar conductas que, aunque no sean técnicas digitales propiamente dichas, persiguen y consiguen el mismo resultado típico: el desplazamiento patrimonial no consentido mediante engaño técnico.

El fallo se alinea con una tendencia doctrinal y jurisprudencial orientada a adaptar los tipos penales a las nuevas realidades criminales, especialmente aquellas que combinan elementos analógicos y electrónicos. Sin embargo, no escapan a la crítica los riesgos que entraña esta interpretación extensiva. Desde el punto de vista del principio de legalidad (art. 1 CP), toda expansión judicial del tipo debe respetar la taxatividad y la previsibilidad de la norma penal. De lo contrario, se corre el riesgo de incurrir en analogías in malam partem, incompatibles con las garantías penales básicas.

La doctrina penal, como ha expuesto Jaime Moreno Verdejo, advierte que un tipo como el de estafa informática, si no se interpreta con la debida precisión, puede funcionar como una "cláusula abierta" con efectos expansivos no deseados, permitiendo subsumir prácticamente cualquier conducta defraudatoria en un entorno electrónico o mecánico sin exigencias técnicas estrictas[90].

Asimismo, la sentencia plantea un debate técnico: ¿basta la alteración mecánica de un sistema electrónico para integrar el tipo penal, o es necesaria una intervención que modifique el flujo lógico del sistema digital? Esta disyuntiva se ha manifestado especialmente en los casos de fraudes cometidos mediante terminales de autopago, cajeros automáticos o plataformas de apuestas automatizadas, donde la línea entre el uso fraudulento y la manipulación típica se torna difusa.

En el caso concreto resuelto por la STS 838/2023, el Supremo concluye que la conducta era típicamente relevante no solo por su efecto práctico (el premio ilícito), sino por la idoneidad del artificio utilizado, que calificó como "burdo pero eficaz". Esta caracterización reafirma la idea de que el tipo penal se centra en el resultado jurídico y no tanto en la sofisticación técnica del medio utilizado.

En definitiva, esta sentencia tiene una doble relevancia: por un lado, clarifica el alcance del artículo 248.2.a) CP, permitiendo incluir dentro del tipo penal conductas fraudulentas no estrictamente informáticas, pero funcionalmente equivalentes; por otro, subraya la necesidad de delimitar con precisión los conceptos normativos para evitar vulneraciones del principio de legalidad.

---

90 MORENO VERDEJO, J. "Algunas cuestiones acerca de la estafa informática y uso de tarjetas", en Delito e informática: algunos aspectos, Cuadernos Penales José María Lidón, núm. 4, Universidad de Deusto, 2007, pp. 173-190

La STS 838/2023 sienta así una importante base jurisprudencial que será clave para la futura construcción de la doctrina penal en materia de estafa informática. No obstante, también evidencia la urgencia de una reforma legislativa que clarifique definitivamente los elementos del tipo y adapte de manera sistemática el Derecho penal a los riesgos complejos que plantea la criminalidad digital.

5.2. JURISPRUDENCIA EUROPEA SOBRE ESTAFA INFORMÁTICA (TEDH, TJUE)

El desarrollo jurisprudencial europeo en materia de ciberdelincuencia ha estado marcado, en las últimas dos décadas, por un enfoque transversal entre la protección de los derechos fundamentales (propio del Tribunal Europeo de Derechos Humanos –TEDH–) y la armonización legislativa y la eficacia penal en el espacio europeo de libertad, seguridad y justicia (propio del Tribunal de Justicia de la Unión Europea –TJUE–). En este marco, la estafa informática ha sido objeto de un tratamiento indirecto, pero jurídicamente sustantivo, al integrarse en discusiones sobre privacidad, derecho a un proceso justo, protección de datos y seguridad digital.

5.2.1 El Tribunal Europeo de Derechos Humanos y la estafa informática

El TEDH no ha emitido aún una sentencia específica sobre la estafa informática como tipo penal autónomo; sin embargo, ha abordado aspectos estrechamente relacionados con esta figura delictiva, especialmente en lo que respecta a la obtención y uso de evidencia electrónica en procesos penales.

En el caso Barbulescu v. Rumanía (Gran Sala, 2017), el TEDH analizó la monitorización por parte del empleador de las comunicaciones electrónicas del trabajador. Si bien no se trataba de una estafa informática, la sentencia estableció principios relevantes sobre el equilibrio entre vigilancia digital y respeto a la vida privada en el entorno laboral digital, principios que tienen impacto directo en investigaciones penales por delitos como el phishing o la interceptación ilegítima de comunicaciones electrónicas en entornos empresariales[91].

Asimismo, en el caso Bălteanu v. Rumanía (2021), el TEDH trató el tema del acceso a correos electrónicos como prueba en un proceso penal, reiterando que cualquier injerencia en los datos personales debe estar legalmente prevista, ser proporcional y necesaria en una sociedad democrática. Estas exigencias son directamente aplicables a las investigaciones sobre estafa informática, que a menudo implican el análisis de grandes volúmenes de datos personales sustraídos mediante técnicas de ingeniería social o malware[92].

Los principios del TEDH imponen límites precisos al uso de pruebas electrónicas obtenidas sin autorización judicial o mediante prácticas intrusivas. En consecuencia, los tribunales nacionales deben asegurarse de que las actuaciones de investigación en delitos informáticos no vulneren el artículo 8 del Convenio Europeo de Derechos Humanos (respeto a la vida privada) ni el artículo 6 (derecho a un juicio justo), especialmente en lo relativo a la admisión de pruebas digitales contaminadas o sin cadena de custodia válida.

5.2.2 El Tribunal de Justicia de la Unión Europea y la estafa digital

El TJUE, por su parte, ha desarrollado una importante línea jurisprudencial en torno a la protección de los consumidores en entornos digitales, así como a la interpretación de instrumentos

---

91 TEDH (Gran Sala), Sentencia Barbulescu v. Rumanía, 5 de septiembre de 2017, TEDH 2017/614.

92 TEDH, Sentencia Bălteanu v. Rumanía, 14 de enero de 202.

normativos comunitarios vinculados a la lucha contra el fraude, en especial la Directiva 2013/40/UE sobre ataques contra sistemas de información, y la Directiva (UE) 2016/1148 sobre ciberseguridad (NIS).

En el caso C-203/15 Tele2 Sverige AB, el TJUE se pronunció sobre la validez de las normativas nacionales que obligan a conservar masivamente datos electrónicos. Aunque no se refería directamente a la estafa informática, la resolución estableció criterios de proporcionalidad y control judicial previos para la utilización de datos almacenados, lo que tiene repercusión directa en investigaciones de delitos tecnológicos[93].

Por otro lado, la jurisprudencia del TJUE en materia de protección de consumidores ha sido crucial en el ámbito de estafas en plataformas electrónicas. En C-628/17 Orange Polska, el TJUE concluyó que la obtención del consentimiento del consumidor no puede basarse en casillas premarcadas ni en la inacción del usuario. Este criterio cobra especial relevancia en prácticas típicas de estafa digital, como el phishing, donde se simula una aceptación contractual fraudulenta, y refuerza la necesidad de reforzar la protección de la voluntad contractual en entornos digitales[94].

A esto se suma la aplicación del Reglamento General de Protección de Datos (RGPD) en casos donde las estafas informáticas derivan en la filtración masiva de datos personales. En este sentido, el TJUE ha establecido que la seguridad de los datos y la notificación inmediata a las autoridades competentes en caso de vulneración (Data Breach) son obligaciones normativas esenciales que permiten prevenir el uso fraudulento de dichos datos en estafas electrónicas.

---

[93] TJUE, Sentencia de 21 de diciembre de 2016, C-203/15 y C-698/15 (Tele2 Sverige y Watson).

[94] TJUE, Sentencia de 11 de noviembre de 2020, C-628/17, Orange Polska SA

5.2.3 Armonización y desafíos pendientes

Aunque la jurisprudencia europea ha avanzado en la delimitación de los derechos fundamentales en entornos digitales, sigue existiendo una fragmentación normativa significativa entre los Estados miembros en cuanto a la tipificación y sanción de la estafa informática. Como expone Balmaceda Hoyos, el modelo continental europeo carece aún de una tipología armonizada de estafas digitales, lo que genera espacios de impunidad y una evidente inseguridad jurídica en la cooperación penal transfronteriza[95].

La existencia de estándares mínimos —como los recogidos en la Directiva 2013/40/UE— no ha supuesto la creación de un catálogo unificado de delitos informáticos. Cada Estado miembro ha transpuesto dicha norma de manera desigual, y en muchos casos, como el español, sigue sin existir un tipo específico para fenómenos como el cybercrime-as-a-service o la comercialización de phishing kits.

Por ello, tanto el TJUE como el TEDH han subrayado la necesidad de una regulación supranacional integrada y sistematizada, que combine eficiencia penal, protección de derechos fundamentales y compatibilidad técnica entre los distintos sistemas procesales.

5.3. LA RESPONSABILIDAD DE LAS ENTIDADES BANCARIAS ANTE EL PHISHING Y FRAUDE BANCARIO A LA LUZ DE LA STS 571/2025 DE 9 DE ABRIL

El fenómeno del phishing como modalidad delictiva ha tenido un impacto creciente en la práctica judicial española, en particular en lo relativo al fraude bancario en entornos digitales.

---

95 *Ob cit.*

Esta técnica delictiva, basada en la ingeniería social, consiste en inducir a la víctima a facilitar sus datos personales o bancarios a través de medios electrónicos simulando entidades legítimas, como bancos o servicios gubernamentales. A pesar de su simplicidad técnica, el phishing ha demostrado una eficacia preocupante, lo que ha obligado a los tribunales españoles a interpretar de forma flexible los tipos penales clásicos para dar cobertura jurídica a estas nuevas formas de criminalidad.

La Sentencia 571/2025, de 9 de abril, dictada por la Sala de lo Civil del Tribunal Supremo (Rec. 1151/2023), resuelve una cuestión de gran relevancia práctica sobre la responsabilidad de las entidades bancarias ante fraudes digitales, concretamente en el contexto de un delito de "SIM swapping" o duplicado de tarjeta SIM para la suplantación de identidad del usuario en operaciones bancarias no autorizadas.

Los hechos del caso giran en torno a una estafa sufrida por un cliente de Ibercaja Banco S.A., que vio cómo, entre los días 17 y 18 de marzo de 2021, se realizaron desde su cuenta bancaria un total de quince operaciones no autorizadas —diez mediante Bizum y cinco transferencias a través de la banca electrónica— por un importe total de 83.692,73 euros. Parte del dinero fue recuperado por la entidad, pero el cliente reclamó judicialmente la cantidad restante de 56.474,63 euros. Las operaciones se ejecutaron a través del sistema digital de la entidad y se autorizaron técnicamente mediante la introducción de los datos de usuario y contraseña, así como la inserción de códigos de confirmación enviados vía SMS, lo que constituía el doble factor de autenticación exigido por la normativa vigente. Sin embargo, tales credenciales fueron empleadas sin consentimiento del cliente por terceros que habían duplicado la tarjeta SIM de su teléfono móvil.

El caso planteaba, por tanto, un conflicto sobre la imputabilidad de las operaciones y la responsabilidad derivada: si el banco, al haber aplicado formalmente los mecanismos de autenticación previstos en el contrato y en la normativa, quedaba o no exonerado de reintegrar las cantidades sustraídas. La entidad financiera alegó que, dado que las operaciones fueron debidamente autenticadas según los estándares de seguridad reforzada y no existía constancia de fallos técnicos en su sistema, no debía responder de los perjuicios causados por el uso indebido de los datos del cliente. Añadía que este último habría incurrido en una conducta negligente al permitir, de forma directa o indirecta, el acceso a sus credenciales de seguridad, desoyendo las recomendaciones de seguridad que le habían sido comunicadas.

El Tribunal Supremo desestima de forma tajante esta tesis y confirma la sentencia de la Audiencia Provincial de Zaragoza, que ya había declarado la responsabilidad de la entidad. En una fundamentación extensa y cuidadosamente argumentada, la Sala establece que en estos supuestos resulta de aplicación el régimen legal establecido por la Directiva (UE) 2015/2366, sobre servicios de pago, traspuesta al ordenamiento interno mediante el Real Decreto-ley 19/2018, que impone un modelo de responsabilidad cuasi objetiva a las entidades proveedoras de servicios de pago.

Este régimen se basa en una triple estructura: en primer lugar, la obligación del usuario de proteger diligentemente sus credenciales y de notificar sin demora la posible existencia de operaciones no autorizadas; en segundo lugar, la carga probatoria que recae sobre el banco cuando el usuario niega haber dado su consentimiento a una operación; y en tercer lugar, la responsabilidad automática del proveedor del servicio de pago, salvo que acredite que el usuario actuó con dolo o con negligencia grave.

El Supremo hace especial hincapié en que no basta con acreditar que las operaciones fueron ejecutadas conforme a los procedimientos técnicos de autenticación. Incluso cuando se ha cumplido formalmente el doble factor de verificación

—usuario y contraseña más código enviado por SMS—, si el usuario niega haber autorizado la operación, el banco debe probar además que dicha operación no estuvo afectada por fallos técnicos ni por ninguna "deficiencia del servicio". Esta última noción es entendida por el Tribunal en sentido amplio, abarcando no solo problemas informáticos, sino también cualquier omisión o mala praxis en la prestación del servicio, como la ausencia de mecanismos de prevención, detección o reacción frente a fraudes conocidos o razonablemente previsibles.

En este caso concreto, el cliente había alertado previamente al banco, hasta en tres ocasiones, de incidentes de seguridad, como la recepción de SMS con códigos que él no había solicitado y cargos no reconocidos en su cuenta. Estas advertencias, junto con la alerta de seguridad recibida de Google y comunicada a la entidad, generaban una obligación de diligencia reforzada por parte del banco. Sin embargo, la entidad no adoptó ninguna medida reactiva ni reforzó los controles de seguridad. No detectó como anómalo que, en pocas horas y durante la madrugada, se ejecutaran quince operaciones sucesivas por un importe superior a los 80.000 euros, cuando el historial del cliente no contenía operaciones semejantes.

La sentencia recuerda que las entidades financieras deben adoptar medidas automatizadas para identificar patrones atípicos de operación, tales como horarios inhabituales, secuencia de transferencias sin solución de continuidad, importes elevados o destinatarios sospechosos. Además, subraya que la diligencia exigible al banco no es la del "buen padre de familia", sino la del "ordenado y experto comerciante", por la especial posición que ocupa en el mercado y por la confianza que deposita en él el usuario, muchas veces consumidor.

En relación con las cláusulas contractuales, el Tribunal niega validez a las disposiciones del contrato de banca electrónica en virtud de las cuales el cliente aceptaba como válidas todas las operaciones ejecutadas mediante sus claves, así como aquellas que pretendían eximir al banco de responsabilidad por intromisiones ilegítimas de terceros. Considera que tales cláusulas no pueden prevalecer sobre el régimen legal imperativo de protección al usuario de servicios de pago, y por tanto, deben considerarse nulas.

Por último, la Sala desestima los dos motivos de casación formulados por Ibercaja, relativos a la supuesta falta de responsabilidad por cumplimiento del sistema de autenticación y a la inexistencia de deficiencias en el servicio, confirmando plenamente la responsabilidad de la entidad bancaria. La sentencia impone las costas del recurso a la parte recurrente y ordena la pérdida del depósito constituido.

Esta resolución consolida una línea jurisprudencial que protege de forma efectiva al cliente bancario frente al auge de las estafas digitales y refuerza el deber de vigilancia y respuesta diligente por parte de las entidades financieras. Su trascendencia radica en que establece claramente que el cumplimiento formal de la autenticación no basta para liberar al banco de responsabilidad cuando no actúa diligentemente ante señales previas de alerta, ni cuando omite establecer sistemas eficaces de prevención de fraudes. Al mismo tiempo, lanza un mensaje claro al sector financiero sobre la necesidad de asumir un rol activo en la seguridad del entorno digital y en la protección real y efectiva de sus usuarios.

5.3.1 Calificación jurídica: estafa informática vs. estafa tradicional

Uno de los principales problemas dogmáticos ha sido la calificación jurídica de las conductas de phishing. Tradicionalmente, se ha debatido si tales hechos deben subsumirse en el tipo clásico de estafa del artículo 248.1 del Código Penal –cuando existe un engaño dirigido a una persona- o en el tipo específico de estafa informática del artículo 248.2.a)– cuando el engaño recae sobre un sistema informático o se realiza mediante un artificio técnico.

La jurisprudencia española ha tendido a aplicar el tipo del artículo 248.2 en los casos en los que, tras la obtención fraudulenta de datos, el autor accede a plataformas bancarias online y ordena transferencias sin conocimiento de la víctima. En estos supuestos, los tribunales entienden que la voluntad de la víctima queda suplantada y que la transferencia patrimonial se produce por una "manipulación informática" o, alternativamente, por un "artificio semejante".

En otros casos, especialmente cuando la víctima, tras recibir un correo electrónico fraudulento, introduce voluntariamente sus claves en una web falsa (spoofing), que luego son usadas por el autor, se ha discutido si existe un "engaño bastante" en el sentido del artículo 248.1 CP. La Audiencia Provincial de Valencia, por ejemplo, ha afirmado que la suplantación de identidad bancaria constituye un engaño suficiente para viciar el consentimiento de la víctima, por lo que concurre el tipo clásico de estafa[96].

5.3.2 Elementos del tipo: el "engaño bastante" y el desplazamiento patrimonial

El elemento nuclear del tipo penal de estafa, tanto clásico como informático, es el engaño bastante. La jurisprudencia ha entendido que este requisito se cumple en los casos de phishing cuando la apariencia de legitimidad del mensaje o la web fraudulenta es suficiente para inducir a error a una persona media, sin exigir una sofisticación técnica excesiva.

---

96 SAP Valencia, Sección 5ª, de 3 de julio de 2020. ECLI:ES: APV:2020:1987

En la práctica judicial, los tribunales han valorado especialmente:

- El uso de logos e imágenes corporativas auténticas.
- El dominio web utilizado (similitud con el original).
- La gramática y estilo del mensaje.
- La urgencia simulada en la comunicación (cierre de cuenta, seguridad, verificación).

La transferencia patrimonial —resultado típico del delito— se produce cuando la víctima proporciona voluntariamente sus datos y el autor los utiliza para ejecutar una operación bancaria fraudulenta. En estos casos, la jurisprudencia ha considerado que la voluntad de disposición está viciada por el engaño, siendo irrelevante que la víctima haya introducido sus datos por cuenta propia, dado que lo hizo a partir de un supuesto falso fabricado por el autor[97].

5.3.3 Participación y cooperación necesaria

Un aspecto singular en la casuística española es la figura del llamado "money mule" o testaferro, persona que permite que el dinero defraudado sea transferido a su cuenta bancaria y, posteriormente, lo retira en efectivo o lo reenvía a terceros a cambio de una comisión.

La jurisprudencia ha considerado que estas personas pueden incurrir en cooperación necesaria o complicidad, especialmente cuando:

- Existen indicios de conocimiento del origen ilícito del dinero.
- Se trata de operaciones repetidas.

---

97 *Ob cit.*

- La comisión es desproporcionadamente alta.
- No se justifica adecuadamente la causa del ingreso[98].

Asimismo, en el caso de organizaciones criminales dedicadas al phishing, se ha aplicado el artículo 570 bis CP, que castiga la pertenencia a grupo criminal, con independencia de la autoría individual en cada estafa, configurando una estructura criminal tecnológica.

5.3.4 Prueba digital y verificación de los hechos

Desde el punto de vista probatorio, los delitos de phishing presentan enormes retos: en muchos casos, el rastro digital es difuso, el acceso a servidores se encuentra fuera de la jurisdicción española y los autores emplean técnicas de ocultación como VPN, redes Tor o criptomonedas.

Los tribunales han empezado a valorar con especial cuidado la prueba pericial informática, así como los informes de los servicios antifraude de las entidades bancarias, las capturas de pantalla de las webs fraudulentas, los metadatos de los correos electrónicos, las direcciones IP y los logs de acceso a las plataformas digitales.

Sin embargo, el uso de esta prueba ha generado importantes controversias respecto a la cadena de custodia digital, ya que cualquier manipulación o deficiencia en la captación y conservación de datos puede afectar su validez y eficacia jurídica[99].

---

98 *Ob cit.*

99 *Ob cit.*

5.3.5 Necesidad de un tipo penal específico

Pese a los avances jurisprudenciales, la doctrina penal coincide en señalar que el marco normativo sigue siendo insuficiente. Como ha advertido Sánchez Bernal, el phishing es un delito con una estructura diferenciada, que implica una usurpación de la identidad digital, manipulación de entornos virtuales y afectación simultánea al patrimonio y a la intimidad, lo que justificaría la creación de un tipo penal específico que integre todas estas dimensiones jurídicas[100].

5.4. COMENTARIO CRÍTICO A SENTENCIAS REPRESENTATIVAS

El estudio de la jurisprudencia penal relativa a delitos informáticos permite identificar líneas interpretativas consolidadas, así como ciertos déficits dogmáticos y operativos que aún persisten en la práctica judicial española. En este apartado se analizan críticamente algunas sentencias relevantes, con el objetivo de poner en evidencia los aciertos y carencias del sistema penal en la persecución y sanción de fraudes tecnológicos, especialmente en lo concerniente a la estafa informática, el phishing y el uso ilegítimo de medios de pago digitales.

5.4.1 STS 838/2023: La interpretación extensiva del "artificio semejante"

Como se abordó en el apartado 5.1, la STS 838/2023 (CENDOJ: 28079120012023100838) constituye un referente sobre la ampliación del tipo penal de estafa informática. El Tribunal

---

[100] *Ob cit.*

Supremo sostiene que el zarandeo de una ruleta electrónica para alterar su funcionamiento constituye un "artificio semejante" en el sentido del art. 248.2.a) CP.

Esta sentencia es valiosa en cuanto introduce una interpretación funcional del tipo penal que permite adaptarlo a nuevas formas de defraudación. Sin embargo, su amplitud interpretativa también puede ser cuestionada desde el principio de legalidad, ya que la conducta enjuiciada carece de un componente digital estricto. Como advierte Jaime Moreno Verdejo, este tipo de interpretaciones podría abrir la puerta a un uso excesivamente laxo del tipo penal, erosionando su taxatividad y previsibilidad jurídica[101].

5.4.2 SAP Valencia (Sección 5ª), 3 de julio de 2020: Phishing y engaño suficiente

Esta sentencia confirma la condena por estafa clásica en un caso de phishing en el que la víctima introdujo sus credenciales bancarias en una página fraudulenta tras recibir un correo falso que simulaba proceder de su entidad bancaria.

La resolución reconoce el carácter bastante del engaño aun cuando la víctima actuó voluntariamente, destacando la sofisticación de los elementos visuales del fraude. Acierta en el análisis del vicio del consentimiento y contribuye a clarificar la doctrina sobre el "engaño suficiente" en entornos digitales. No obstante, persiste la dificultad de delimitar la línea entre negligencia de la víctima y conducta penalmente reprochable del autor. Una jurisprudencia más sistematizada y pedagógica sería necesaria para evitar decisiones dispares en casos similares[102].

---

[101] *Ob cit.*

[102] SAP Valencia, Sección 5ª, de 3 de julio de 2020. ECLI:ES: APV:2020:1987

5.4.3 SAN 246/2019: Responsabilidad penal de la persona jurídica

En este caso, la Audiencia Nacional aborda la imputación penal de una entidad bancaria por operaciones fraudulentas cometidas por personal interno y testaferros. Se analiza la eficacia de los mecanismos de control interno y se concluye que no existía un modelo de prevención eficaz, lo que lleva a la condena de la persona jurídica.

Esta sentencia es ejemplar en la aplicación del régimen del art. 31 bis CP, articulando de forma precisa la culpa organizativa y la ausencia de diligencia debida como fundamento de la responsabilidad penal corporativa. Supone un paso importante hacia la consolidación del modelo de compliance penal en el ámbito bancario. No obstante, se echa en falta un análisis más profundo de la relación entre los protocolos de cumplimiento y las prácticas reales de la entidad. El fallo pone de manifiesto la necesidad de controles externos y auditorías independientes para asegurar la efectividad de los programas de compliance[103].

5.4.4 SAP Madrid, Sección 15ª, 23 de septiembre de 2019: Uso de tarjetas duplicadas

En esta sentencia se condena a un acusado que, mediante técnicas de carding, obtuvo duplicados de tarjetas de crédito y realizó numerosas compras fraudulentas. El tribunal valoró la prueba digital obtenida mediante informes forenses y vídeos de cámaras de seguridad.

El tribunal realiza una adecuada valoración conjunta de prueba pericial informática y prueba indiciaria, reforzando la

---

[103] SAN núm. 246/2019, Sección 4ª, de 30 de abril. CENDOJ: 28079240042019100246.

fiabilidad de las evidencias digitales. Sin embargo, el fallo no profundiza en la legalidad de la obtención de ciertos datos, lo que podría abrir debate sobre posibles vulneraciones del derecho a la intimidad y el debido proceso. La jurisprudencia debe ser especialmente escrupulosa en estos extremos, tal como ha advertido el TEDH en varias resoluciones (v. gr. Bălteanu v. Rumanía, 2021)[104].

5.4.5 SAP Barcelona, Sección 7ª, 14 de febrero de 2021: Testaferros y responsabilidad por blanqueo

En esta sentencia se absuelve a una persona que recibió en su cuenta una transferencia fraudulenta y la retiró en efectivo alegando desconocimiento del origen ilícito del dinero.

Esta resolución ilustra una de las zonas grises más problemáticas del Derecho penal económico: la prueba del dolo eventual en operaciones que, objetivamente, deberían levantar sospechas. Si bien el principio de presunción de inocencia exige pruebas claras, sentencias como esta dejan entrever cierta laxitud en la valoración del contexto indiciario. Como apuntan De la Hiz Matías y Carrascosa López, la impunidad de intermediarios es uno de los factores que más favorecen la proliferación de estructuras criminales digitales[105].

El análisis jurisprudencial revela un esfuerzo creciente por parte de los tribunales españoles para adaptar los tipos penales clásicos a las nuevas formas de criminalidad digital. Sin embargo, las resoluciones judiciales siguen enfrentando tres grandes desafíos:

---

104 TEDH, Sentencia Bălteanu v. Rumanía, 14 de enero de 202.

105 *Ob cit.*

1. **Ausencia de tipificación específica** para algunas conductas (como la comercialización de herramientas de hacking).
2. **Dificultades probatorias**, especialmente en lo relativo a la autenticación, custodia y legalidad de la prueba digital.
3. **Falta de criterios uniformes** sobre el dolo, la participación y el vínculo causal en delitos cometidos por medios informáticos.

La consolidación de una jurisprudencia especializada, coherente y compatible con los estándares europeos en materia de derechos fundamentales será esencial para garantizar la eficacia y la legitimidad del sistema penal ante las nuevas amenazas tecnológicas.

5.5. IMPACTO DE LAS REFORMAS DE LA LO 14/2022 EN LA TIPIFICACIÓN PENAL

La Ley Orgánica 14/2022, de 22 de diciembre, ha introducido diversas modificaciones en el Código Penal español que afectan de manera directa e indirecta a la regulación de los delitos informáticos y, especialmente, al tipo penal de estafa informática del artículo 248.2 CP. Esta reforma responde a la necesidad de adecuar el sistema penal español a los nuevos escenarios de criminalidad digital, en línea con las recomendaciones de la Unión Europea y el Consejo de Europa, y constituye un intento de actualizar figuras jurídicas frente a los desafíos del ciberdelito contemporáneo.

5.5.1 Modificación del artículo 248.2 CP: precisión conceptual

El artículo 248.2.a), tal como ha sido reformado, continúa recogiendo dos modalidades comisivas de la estafa informática: la “manipulación informática” y el uso de un “artificio semejante”.

Lo novedoso radica en que la reforma no ha modificado sustancialmente el texto, pero sí ha venido acompañada de una importante labor jurisprudencial y doctrinal de aclaración, particularmente tras la STS 838/2023.

Esta sentencia interpreta la expresión "artificio semejante" como toda maniobra fraudulenta, aunque no tenga naturaleza estrictamente informática, siempre que sea idónea para provocar un desplazamiento patrimonial. En palabras del Alto Tribunal:

"Dicho tipo penal tiene la función de cubrir un ámbito al que no alcanzaba la definición de la estafa introducida en la reforma de 1983".

La LO 14/2022, por tanto, aunque no modifica esta formulación, se ve reforzada por esta doctrina que legitima la flexibilidad interpretativa del precepto. El problema radica en que la norma no aporta criterios técnicos claros para delimitar el alcance del tipo, lo que ha generado críticas desde el punto de vista de la seguridad jurídica.

5.5.2 Otras modificaciones penales relevantes

Además del artículo 248.2, la LO 14/2022 ha introducido reformas en otros preceptos que pueden incidir indirectamente en el ámbito de los delitos tecnológicos:

- Artículo 250 CP (estafas agravadas): se ha ampliado el catálogo de circunstancias agravantes, lo que permite considerar el uso de medios tecnológicos como factor relevante para agravar la pena, especialmente cuando se afecta a una pluralidad de víctimas o se emplean técnicas automatizadas para perpetrar el engaño.
- Artículo 264 CP (daños informáticos): si bien no se ha reformado directamente, la doctrina interpreta que los cambios sistemáticos introducidos por la LO 14/2022

en los delitos contra el patrimonio y el orden socioeconómico refuerzan el principio de proporcionalidad y técnica legislativa, lo que podría tener impacto en la futura configuración de este tipo penal[2].

5.5.3 Críticas doctrinales: oportunidad perdida

La doctrina penal ha recibido la reforma de la LO 14/2022 con una mezcla de expectativa y decepción. Como señala Crescioli, si bien se valoran los esfuerzos legislativos por adaptar el Código Penal a nuevas formas delictivas, la reforma ha sido insuficiente para hacer frente al cybercrime-as-a-service, al phishing masivo o a la comercialización de herramientas de hacking.

No se han introducido tipos autónomos para prácticas que ya están consolidadas en el mercado negro digital, como el diseño de malware, la venta de credenciales bancarias robadas o la organización de campañas de spam dirigidas. Tampoco se ha abordado el problema del uso del anonimato criptográfico en operaciones fraudulentas, ni la falta de regulación penal expresa sobre el uso de la inteligencia artificial para crear deepfakes con fines defraudatorios.

5.5.4 Compliance penal y LO 14/2022

Otro ámbito donde la reforma ha tenido un impacto indirecto ha sido el de la responsabilidad penal de las personas jurídicas. Si bien la LO 14/2022 no modifica el artículo 31 bis CP, sí ha influido en la percepción jurisprudencial sobre la diligencia debida exigible a las empresas en contextos tecnológicos.

Como se evidencia en la Sentencia SAN 246/2019, los tribunales están comenzando a valorar con más rigor los sistemas de prevención de riesgos penales cuando se trata de delitos tecnológicos, esperando que las entidades dispongan de controles específicos frente al fraude digital. En este sentido, la reforma subraya la necesidad de que los programas de compliance penal se actualicen a la luz de las nuevas amenazas identificadas en el entorno digital.

5.5.5 Hacia una futura reforma estructural

A la vista de las carencias señaladas, la doctrina recomienda avanzar hacia una reforma estructural y sistemática del Código Penal en materia de ciberdelitos, que contemple:

- La tipificación específica de nuevas conductas delictivas digitales (como el spear phishing, carding o el tráfico de credenciales).
- La incorporación de definiciones técnicas claras y operativas.
- La regulación procesal detallada sobre la prueba electrónica y su custodia.
- La armonización con el derecho de la Unión Europea y el Convenio de Budapest.

Como ha indicado González Rus, el legislador debe evitar caer en el "parcheo legislativo" y optar por una codificación penal coherente con la realidad tecnológica actual.

6. *Prevención, detección y reacción del Derecho penal*

6.1. MEDIDAS LEGISLATIVAS EN EL MARCO DE LA UE Y EL CONSEJO DE EUROPA

La evolución constante de las tecnologías de la información y la comunicación (TIC) ha llevado a la Unión Europea y al Consejo de Europa a adoptar una serie de instrumentos normativos dirigidos a prevenir, detectar y sancionar los delitos cibernéticos. Estas medidas legislativas se articulan en torno a la necesidad de armonizar los ordenamientos jurídicos nacionales, garantizar una cooperación judicial eficaz y salvaguardar los derechos fundamentales en el entorno digital.

Entre los principales instrumentos normativos, destaca el Convenio sobre la Ciberdelincuencia del Consejo de Europa (Convenio de Budapest[106]), firmado en 2001, que ha sido ratificado por numerosos Estados europeos y no europeos. Este instrumento establece una base común para la criminalización de conductas como el acceso ilícito a sistemas, la interferencia en datos y sistemas, y los delitos relacionados con el contenido y la infracción de derechos de autor en el ciberespacio. Además, establece mecanismos de cooperación internacional para la investigación y persecución penal de estos delitos.

---

106 Instrumento de Ratificación del Convenio sobre la Ciberdelincuencia, hecho en Budapest el 23 de noviembre de 2001. https://www.boe.es/diario_boe/txt.php?id=BOE-A-2010-14221

En el ámbito de la Unión Europea, cabe mencionar la Directiva 2013/40/UE[107] sobre ataques contra los sistemas de información, que obliga a los Estados miembros a tipificar penalmente ciertos comportamientos delictivos informáticos y a prever sanciones proporcionadas y disuasorias. Asimismo, promueve la cooperación entre autoridades judiciales y policiales, y la mejora de la capacitación técnica.

Otra iniciativa destacada es el Reglamento (UE) 2024/1989 sobre normas armonizadas en materia de inteligencia artificial[108], que incluye disposiciones relativas a la utilización de sistemas de IA por parte de autoridades judiciales y fuerzas de seguridad, garantizando al mismo tiempo el respeto a los derechos fundamentales y la transparencia algorítmica.

Estas medidas se complementan con la Estrategia de Ciberseguridad de la UE, que establece líneas de acción para reforzar la resiliencia de los sistemas informáticos y mejorar la cooperación entre actores públicos y privados. Todas estas normativas conforman un marco jurídico en constante adaptación a las nuevas amenazas tecnológicas.

---

107 Directiva 2013/40/UE del Parlamento Europeo y del Consejo, de 12 de agosto de 2013, relativa a los ataques contra los sistemas de información y por la que se sustituye la Decisión marco 2005/222/JAI del Consejo. https://www.boe.es/buscar/doc.php?id=DOUE-L-2013-81648

108 Reglamento (UE) 2024/1689 del Parlamento Europeo y del Consejo, de 13 de junio de 2024, por el que se establecen normas armonizadas en materia de inteligencia artificial y por el que se modifican los Reglamentos (CE) n° 300/2008, (UE) n° 167/2013, (UE) n° 168/2013, (UE) 2018/858, (UE) 2018/1139 y (UE) 2019/2144 y las Directivas 2014/90/UE, (UE) 2016/797 y (UE) 2020/1828 (Reglamento de Inteligencia Artificial). https://www.boe.es/buscar/doc.php?id=DOUE-L-2024-81079

6.2. PROTOCOLO DE INVESTIGACIÓN PENAL EN DELITOS INFORMÁTICOS

La eficacia del Derecho penal frente a la ciberdelincuencia depende en gran medida de la existencia de protocolos de investigación especializados que permitan a las autoridades actuar con celeridad, legalidad y respeto a los derechos fundamentales. En este contexto, la investigación penal de los delitos informáticos requiere una metodología propia, dado que se enfrenta a retos técnicos y jurídicos específicos, como la volatilidad de la prueba digital, la extraterritorialidad de los datos y el uso de criptografía avanzada.

Un protocolo de actuación eficaz comienza con la pronta identificación y preservación de la evidencia digital. Esta labor inicial suele recaer en las unidades policiales especializadas en delitos tecnológicos, que actúan conforme a procedimientos estandarizados de cadena de custodia. La recogida de datos debe realizarse de forma que se garantice su integridad, autenticidad y trazabilidad, de conformidad con las normas forenses internacionales y nacionales.

Posteriormente, la fase de análisis forense exige un tratamiento especializado de los dispositivos intervenidos, mediante herramientas de software que permiten recuperar, reconstruir y analizar información oculta, cifrada o borrada. Este análisis debe estar sujeto a estrictas garantías procesales, como la autorización judicial previa, la presencia de la defensa y la posibilidad de contradicción de la prueba en juicio, aspectos indiscutidos hoy en día dada la evolución judicial en el tratamiento de estos conceptos.

El marco normativo europeo y nacional proporciona instrumentos relevantes para esta labor. Por ejemplo, el Reglamento (UE) 2016/794 relativo a la Agencia de la Unión Europea para la Cooperación Policial (Europol)[109] permite el intercambio seguro de información entre cuerpos policiales, así como la asistencia técnica en investigaciones de cibercrimen. Igualmente, el Reglamento (UE) 2021/784 sobre la prevención de la difusión de contenidos terroristas en línea prevé procedimientos rápidos de retirada de contenidos, que pueden servir como punto de partida en investigaciones penales.

En el ámbito español, la Fiscalía General del Estado ha aprobado criterios internos y protocolos técnicos para la investigación de los delitos informáticos, destacando la importancia de la coordinación interinstitucional y la formación continua de los operadores jurídicos.

Además, es esencial contar con herramientas de cooperación internacional, como las redes 24/7 previstas en el Convenio de Budapest y los tratados bilaterales de asistencia mutua en materia penal. Estas redes permiten la solicitud urgente de conservación de datos y otras medidas cautelares, fundamentales en un entorno digital caracterizado por la rapidez y la dispersión geográfica.

6.3. POLÍTICAS PÚBLICAS Y COOPERACIÓN INTERNACIONAL CONTRA EL CIBERFRAUDE

El ciberfraude representa una de las amenazas más crecientes y transversales en el entorno digital global, como hemos podido observar a lo largo de este trabajo incluso generando

---

109 REGLAMENTO (UE) 2016/794 DEL PARLAMENTO EUROPEO Y DEL CONSEJO de 11 de mayo de 2016 relativo a la Agencia de la Unión Europea para la Cooperación Policial (Europol) y por el que se sustituyen y derogan las Decisiones 2009/371/JAI, 2009/934/JAI, 2009/935/JAI, 2009/936/JAI y 2009/968/JAI del Consejo. https://eur-lex.europa.eu/legal-content/ES/LSU/?uri=celex:32016R0794

retos que aún no se han abordado, o afectando tanto a individuos como a instituciones públicas y privadas. Su complejidad técnica y su carácter transnacional han motivado el diseño e implementación de políticas públicas integrales y estrategias de cooperación internacional orientadas a su prevención, detección y represión.

Las políticas públicas contra el ciberfraude, en el contexto europeo y global, se articulan sobre tres ejes fundamentales: la educación y sensibilización ciudadana, el fortalecimiento institucional de las capacidades de respuesta, y el refuerzo de la cooperación judicial y policial. A nivel nacional, muchos Estados miembros de la UE han desarrollado estrategias específicas de ciberseguridad que incorporan medidas orientadas a la protección frente al fraude en línea, como campañas de prevención dirigidas a sectores vulnerables, como personas mayores o usuarios noveles de servicios digitales bancarios.

En el ámbito de la Unión Europea, la Estrategia de Ciberseguridad para la Década Digital 2020–2030 constituye un marco de referencia esencial. Esta estrategia reconoce el ciberfraude como una amenaza clave y promueve medidas legislativas, como la Directiva 2022/2555/UE[110], que refuerza los requisitos de seguridad en sectores críticos y establece obligaciones de notificación de incidentes para empresas y entidades públicas.

Asimismo, la Comisión Europea financia proyectos como el programa "Digital Europe" o el Mecanismo de Conectividad Segura, que incluyen partidas específicas para investigación

---

110 Directiva (UE) 2022/2555 del Parlamento Europeo y del Consejo de 14 de diciembre de 2022 relativa a las medidas destinadas a garantizar un elevado nivel común de ciberseguridad en toda la Unión, por la que se modifican el Reglamento (UE) nº 910/2014 y la Directiva (UE) 2018/1972 y por la que se deroga la Directiva (UE) 2016/1148 (Directiva SRI 2).

en tecnologías de detección de fraude y refuerzo de capacidades institucionales. Europol, por su parte, opera el Centro Europeo de Ciberdelincuencia (EC3), que ofrece asistencia técnica a los Estados miembros y coordina operaciones transfronterizas contra redes delictivas especializadas en fraude digital, como el phishing, el spoofing o el fraude en comercio electrónico.

A nivel internacional, destaca la participación de los Estados en iniciativas multilaterales como el Foro Global sobre Ciberexperticia (GFCE), la Organización de Estados Americanos (OEA) o INTERPOL, que han generado guías, marcos normativos y redes de intercambio de buenas prácticas para afrontar el ciberfraude. Además, el G7 y el G20 han incluido el fraude digital como una prioridad en sus agendas, reconociendo la necesidad de adaptar los marcos regulatorios financieros a los nuevos riesgos tecnológicos.

El Consejo de Europa, mediante su Convenio sobre la Ciberdelincuencia (2001), ha promovido mecanismos de cooperación jurídica en materia penal, como las redes de puntos de contacto 24/7 y la asistencia mutua en tiempo real, lo que resulta esencial para investigar eficazmente fraudes cometidos desde o hacia terceros países. Esta cooperación se ve reforzada con instrumentos como el Segundo Protocolo Adicional al Convenio de Budapest, adoptado en 2022, que establece normas para el acceso directo a datos por parte de las autoridades competentes, respetando las garantías procesales y los derechos fundamentales. La transversalidad de este fenómeno obliga a una coordinación permanente entre autoridades judiciales, policiales, fiscales, actores del sector privado (como bancos y proveedores de servicios digitales) y organizaciones internacionales.

6.4. LA ÉTICA JUDICIAL EN EL ENJUICIAMIENTO DE DELITOS TECNOLÓGICOS

El auge de los delitos tecnológicos ha supuesto un desafío no solo jurídico y procesal, sino también ético para el sistema judicial. La ética judicial adquiere una especial relevancia en el ámbito de los delitos informáticos, dada la complejidad técnica de las pruebas, la velocidad de la evolución tecnológica y la posible utilización de inteligencia artificial (IA) en procesos judiciales. En este contexto, los jueces deben desempeñar su función con imparcialidad, independencia y conocimiento continuo y actualizado en este campo sin el cual no podrán garantizar los derechos fundamentales de las partes, la fiabilidad de las pruebas y la seguridad jurídica.

La ética judicial implica, ante todo, el respeto al principio de legalidad, a la presunción de inocencia y al derecho a un juicio justo y con todas las garantías, conforme a los artículos 6 del CEDH y 24 de la CE. En el ámbito de los delitos tecnológicos, estos principios se ven particularmente tensionados por la utilización de tecnologías complejas, como el análisis masivo de datos (big data), la vigilancia digital o los sistemas predictivos de IA.

Uno de los principales dilemas éticos radica en la valoración de la prueba digital. Esta prueba, a menudo técnica y voluminosa, puede resultar incomprensible para el juez sin la adecuada formación y sin la asistencia de peritos especializados. Ello exige que los jueces mantengan una actitud crítica ante las conclusiones periciales, sin caer en una delegación acrítica de su función jurisdiccional. La dependencia excesiva de los informes técnicos puede afectar a la imparcialidad del proceso, especialmente si no se garantizan el derecho de contradicción y la posibilidad de una pericia alternativa.

Por otra parte, el uso de algoritmos predictivos o de sistemas de IA en fases del proceso penal (por ejemplo, para valorar el riesgo de reincidencia, determinar medidas cautelares o incluso proponer penas) plantea interrogantes éticos profundos. El juez debe asegurarse de que dichos sistemas respetan los principios de transparencia, explicabilidad y no discriminación, conforme a las recomendaciones del Consejo de Europa y del Parlamento Europeo sobre el uso ético de la IA en el sistema judicial, uno de los puntos clave en este campo que abonará el terreno a futuros estudios es, sin duda, la explicabilidad del razonamiento en la IA, que código, que inferencias y que razonamientos se emplean para tomar determinada decisión y como se conjuga éticamente con todo el proceso jurisdiccional.

La ética judicial también exige una actitud activa de formación continua, como hemos avanzado, es crucial en un campo en continuo desarrollo e innovación. El juez que debe resolver casos de ciberdelincuencia no puede mantenerse ajeno a los desarrollos tecnológicos que impactan en el proceso penal. Instituciones como el Consejo General del Poder Judicial, la Escuela Judicial o la Agencia de la Unión Europea para la Formación Judicial (EJTN) ofrecen programas específicos de capacitación tecnológica y ética judicial que permiten afrontar estos retos, aunque a nuestro juicio, son pocas aun las ofertas formativas y menos los medios que se asignan a la administración de justicia.

A todo lo anterior se suma la necesidad de observar los principios de equidad digital, garantizando que las partes dispongan de iguales oportunidades de acceso y uso de las herramientas tecnológicas en juicio, especialmente cuando una de ellas es una administración pública o una gran empresa tecnológica y la otra un ciudadano sin medios. En este punto, el principio de igualdad de armas se vincula directamente con los deberes éticos del juez de velar por un proceso equilibrado y accesible.

Asimismo, deben evitarse conflictos de interés, sesgos cognitivos derivados del uso de tecnología y presiones externas que puedan comprometer la independencia judicial. La confianza pública en la administración de justicia se sustenta, en buena medida, en la percepción de que el juez no solo aplica la ley, sino que lo hace con imparcialidad, equidad y comprensión crítica del impacto de las herramientas tecnológicas empleadas en el proceso.

La ética judicial frente a los delitos tecnológicos exige un equilibrio complejo entre técnica y justicia, legalidad y equidad, tecnología e interpretación humana. La digitalización del Derecho no debe traducirse en una deshumanización del juzgador, sino en una evolución ética del mismo, acorde con los valores del Estado de Derecho y los derechos fundamentales.

6.5. PROPUESTAS DE REFORMA Y ADAPTACIÓN TECNOLÓGICA

La lucha contra los delitos tecnológicos en el siglo XXI exige no solo reformas legislativas, sino también una profunda transformación institucional que garantice una adaptación efectiva del sistema penal a los retos de la sociedad digital. Esta transformación pasa, inexorablemente, por la dotación de medios adecuados tanto a la administración de justicia como a las Fuerzas y Cuerpos de Seguridad del Estado (FFCCSE) entendiendo, a mayor abundamiento, la especialización de los operadores jurídicos, como una necesidad estructural y permanente.

Uno de los mayores desafíos del Derecho penal contemporáneo reside en la celeridad con que evolucionan las formas delictivas vinculadas a las tecnologías de la información y la comunicación (TIC). El cibercrimen se ha sofisticado hasta niveles que requieren respuestas altamente técnicas, interdisciplinares y coordinadas a escala nacional e internacional. En este contexto, la mera modificación del texto legal se revela insuficiente si no va acompañada de un robustecimiento real de las capacidades materiales y humanas de los encargados de aplicar y hacer cumplir la ley.

En primer lugar, resulta imprescindible la dotación de recursos materiales y tecnológicos avanzados a las FFCCSE. Las unidades de investigación tecnológica, como las Brigadas de Investigación Tecnológica (BIT) de la Policía Nacional o los Equipos de Delitos Telemáticos (EDITE) de la Guardia Civil, requieren equipamiento actualizado para labores de ciberinteligencia, análisis forense digital, rastreo de redes profundas (dark web), recuperación de datos encriptados y uso de inteligencia artificial para la detección automatizada de patrones delictivos.

Esta dotación debe incluir tanto hardware de alta capacidad como software de análisis avanzado, así como licencias, servidores seguros y conexiones cifradas. Asimismo, debe contemplar la creación de centros de datos independientes y sistemas de respaldo que garanticen la integridad de las pruebas digitales, fundamentales en el proceso penal. La inversión pública en estos recursos debe planificarse a medio y largo plazo, como parte de una estrategia nacional de ciberseguridad alineada con las directrices de la Unión Europea (COM/2020/605 final).

Además de los medios materiales, se impone la necesidad de dotar de personal altamente cualificado y con dedicación exclusiva a estas tareas. Las unidades de ciberdelincuencia no deben verse como secciones periféricas, sino como servicios centrales con autonomía operativa, capacidad de decisión y posibilidad de actuación inmediata en coordinación con la fiscalía y los órganos judiciales. Esta estructura permitiría una mejor coordinación con organismos europeos como Europol, Eurojust o el Centro Europeo de Ciberdelincuencia (EC3).

Paralelamente, la especialización de los operadores jurídicos (jueces, fiscales, abogados, personal de la administración de justicia) es clave para asegurar un tratamiento eficaz, justo y garantista de los delitos tecnológicos. Esta especialización no debe limitarse a una oferta formativa voluntaria, sino integrarse estructuralmente en los programas de formación inicial y continua. El Consejo General del Poder Judicial, la fiscalía general del Estado y los colegios profesionales deben incorporar contenidos tecnológicos, éticos y procesales relativos a la prueba digital, los algoritmos, la ciberseguridad, la inteligencia artificial y la protección de datos.

Asimismo, resulta conveniente establecer jurisdicciones especializadas, al menos en las grandes capitales, con jueces y fiscales dedicados a estos asuntos. Esta medida permitiría acumular experiencia, mejorar la calidad de las resoluciones y reducir la dependencia de peritajes externos. Algunos países de nuestro entorno, como Alemania o Francia, ya cuentan con fiscalías especializadas en cibercrimen que podrían servir como modelo.

En cuanto al marco normativo, resulta necesaria una reforma del Código Penal español que permita una actualización sistemática y no fragmentaria de los delitos informáticos. Esta reforma debería atender a fenómenos como el ransomware, la suplantación de identidad digital, el uso de deepfakes con fines delictivos, la manipulación algorítmica de la voluntad o la instrumentalización de redes sociales para la comisión de ilícitos penales. Igualmente, debería prever tipos penales relacionados con la explotación ilícita de datos biométricos o la omisión dolosa de medidas de ciberseguridad por parte de entidades públicas o privadas.

La Ley de Enjuiciamiento Criminal, por su parte, necesita ser reformada para incluir un tratamiento específico de la prueba digital, estableciendo reglas claras sobre su obtención, conservación, incorporación al procedimiento, contradicción y valoración. También deben incorporarse normas que regulen las técnicas especiales de investigación digital, como el acceso remoto, la interceptación de datos en tiempo real o el seguimiento digital en línea, siempre bajo control judicial.

Otro ámbito de mejora radica en la cooperación público-privada. La colaboración entre las autoridades y los proveedores de servicios de internet, empresas de telecomunicaciones y plataformas digitales debe ser regulada con claridad para garantizar tanto la eficacia de la investigación como la protección de los derechos fundamentales. Es necesario establecer protocolos de respuesta rápida ante incidentes cibernéticos y mecanismos seguros de transmisión de datos relevantes para el proceso penal.

Finalmente, las reformas legislativas deben ir acompañadas de una estrategia ética y de gobernanza algorítmica. La incorporación de herramientas de IA en la persecución del delito requiere un marco que garantice la transparencia, la explicabilidad, la responsabilidad y la equidad en el tratamiento de datos personales. La Agencia Española de Protección de Datos y la futura autoridad europea de inteligencia artificial deben participar activamente en este proceso.

La reforma penal y la adaptación tecnológica deben concebirse como un proceso integral que abarca desde la legislación sustantiva y procesal hasta la infraestructura, la formación y la ética institucional. Solo mediante una apuesta decidida por la especialización, la dotación de medios y la coordinación interinstitucional podrá el Derecho penal responder de forma eficaz, proporcionada y respetuosa con los derechos fundamentales ante los desafíos de la criminalidad digital.

SEGUNDA PARTE

INTELIGENCIA ARTIFICIAL Y DERECHO PENAL

1. *Fundamentos filosófico-jurídicos: la dogmática penal ante la IA*

1.1. ONTOLOGÍA DE LA IA Y CATEGORÍAS PENALES TRADICIONALES

La ciencia del Derecho penal ha sido edificada sobre una base antropocéntrica que tiene en cuenta la existencia de una voluntad humana racional, libre y responsable para entender que existe un sujeto activo de la acción delictiva. Esta concepción clásica parte de la idea de que el delito es un acto humano, una conducta exteriorizada que puede ser valorada desde el punto de vista normativo, siempre que haya sido ejecutada con conocimiento y dominio sobre sus consecuencias. En esta lógica, la inteligencia artificial (IA), como conjunto de sistemas artificiales autónomos o semi-autónomos, desborda los marcos tradicionales sobre los cuales se ha estructurado la teoría del delito.

Los desarrollos contemporáneos de IA, especialmente aquellos basados en técnicas de aprendizaje automático (machine learning) y redes neuronales profundas (deep learning), generan una problemática específica en relación con su ontología: no son simplemente herramientas programadas con lógicas deterministas, sino sistemas que aprenden patrones y generan decisiones no siempre previsibles. Esta autonomía en la esfera de la decisión, junto con su potencial capacidad de interacción con el entorno y de generación de consecuencias jurídicas materiales, lleva a plantear si estos sistemas pudieran o no ser considerados como sujetos de imputación penal o, en su defecto, si es viable ajustar las estructuras tradicionales para incluir comportamientos mediados por IA.

Una de las primeras dificultades que surge es la de encajar estas nuevas entidades operativas dentro del concepto de "persona" penalmente responsable. El Derecho penal moderno, tanto en su vertiente continental como anglosajona, presupone la titularidad de una conciencia individual, una voluntad y una capacidad de culpabilidad que, por definición, resultan ajenas a las máquinas. Sin obviar, lógicamente todo el desarrollo normativo, adoptado del derecho anglosajón, en lo relativo a la responsabilidad penal de la persona jurídica, aspecto que pudiera aplicarse por analogía a priori en la configuración de la responsabilidad penal de la IA.

Por tanto, resulta inviable, con la configuración tradicional y en términos normativos trasladar directamente la responsabilidad penal a un agente no humano, sin vulnerar principios fundamentales como el de culpabilidad, personalidad de la pena y dignidad humana.

La alternativa a esta imputación directa sería repensar las categorías de acción y responsabilidad en clave estructural o funcional. Como hemos avanzado se puede sugerir adoptar modelos similares a los que permiten atribuir responsabilidad penal a las personas jurídicas, esto es, considerar el rol operativo de la IA dentro de una organización delictiva o en relación con su inserción funcional en un proceso social determinado. Sin embargo, esta analogía presenta problemas importantes, pues la personalidad jurídica de una corporación tiene una base normativa y existe regulada en el ordenamiento, véase por ejemplo el articulo 31 bis del CP, mientras que la IA carece de subjetividad jurídica autónoma.

Por otra parte, es importante destacar que la falta de previsibilidad de las decisiones algorítmicas, derivada de los propios procesos de aprendizaje y de los sesgos inherentes a los datos de entrenamiento, pone en jaque los criterios de imputación objetiva. Si un sistema de IA genera una conducta lesiva que no puede ser anticipada ni por sus programadores ni por sus operadores, ¿podríamos hablar de creación de un riesgo penalmente relevante? Esta cuestión remite al análisis de la imputación objetiva, pero también al de los límites de la responsabilidad por hecho ajeno, ampliamente discutidos en la dogmática penal.

En definitiva, la ontología de la IA obliga a revisar los conceptos de acción, voluntad, riesgo y responsabilidad desde una perspectiva más amplia, que incorpore elementos técnicos y filosóficos. No se trata de sustituir al sujeto humano como centro de imputación penal, sino de articular modelos que permitan integrar la mediación tecnológica dentro de las estructuras dogmáticas sin vulnerar los principios del Estado de Derecho. Esto supone, necesariamente, un diálogo interdisciplinario entre juristas, ingenieros, éticos y teóricos de la información.

1.2. LA NOCIÓN DE ACCIÓN Y EL PRINCIPIO DE CULPABILIDAD EN SISTEMAS AUTOMATIZADOS

El concepto de acción ha sido uno de los pilares más estables en la teoría del delito. Desde la concepción causal-naturalista dc Von Liszt[111] hasta la formulación finalista dc Hans Wclzel[112], la acción penalmente relevante ha sido definida como una conducta humana, voluntaria y significativa desde el punto de vista del dominio del hecho. Esta definición presupone un agente racional, que actúa con conocimiento y voluntad, y que puede comprender y controlar las consecuencias de su actuar. En este sentido, la acción es el punto de partida para toda la estructura analítica del delito.

---

111 VON LISZT, F. *Tratado de Derecho penal.* Traducción y adaptación española. Madrid: Reus, 1927.

112 WELZEL, H. *Derecho penal alemán. Parte general.* 2.ª ed. Traducción de José Cerezo Mir. Santiago de Chile: Editorial Jurídica de Chile, 1969.

La irrupción de sistemas de inteligencia artificial que toman decisiones sin intervención humana directa altera profundamente este paradigma. En escenarios donde un sistema de IA actúa de forma autónoma (por ejemplo, un coche autónomo que atropella a un peatón sin que haya una acción humana directa), el primer interrogante que se presenta es si existe una acción en sentido jurídico-penal. Más allá de la causalidad física, ¿puede hablarse de acción sin sujeto humano?

El problema se agudiza cuando consideramos el principio de culpabilidad. Este principio, que exige que no haya pena sin responsabilidad subjetiva, se funda en la idea de que solo quien puede comprender la ilicitud de su conducta y actuar conforme a esa comprensión es susceptible de ser sancionado penalmente. Los sistemas de IA, por sofisticados que sean, carecen de conciencia, motivación moral y capacidad de internalizar normas. Por tanto, no pueden ser considerados culpables en el sentido penal clásico.

Algunos intentos doctrinales han sugerido la posibilidad de una "culpabilidad funcional" o "culpabilidad objetiva" de las máquinas, que se fundamentaría no en la conciencia sino en la peligrosidad estructural de los sistemas autónomos. No obstante, esta lógica entraña el riesgo de erosionar las garantías fundamentales del Derecho penal, al sustituir la responsabilidad subjetiva por una mera imputación objetiva de resultados.

Una solución alternativa consiste en reorientar el análisis desde la máquina hacia los sujetos humanos que participan en el ciclo de vida del sistema de IA: diseñadores, programadores, entrenadores, usuarios y supervisores. En este marco, la acción penalmente relevante no es la de la máquina, sino la de aquellos que, con conocimiento o imprudencia, ponen en funcionamiento un sistema que genera riesgos injustificados. Así, el Derecho penal mantendría su anclaje en sujetos humanos responsables, pero adaptando sus criterios de imputación a contextos tecnológicamente mediados.

Esto implica también revisar los conceptos de dolo y culpa. El dolo eventual podría tener un papel relevante en contextos donde el operador es consciente de que el sistema de IA puede generar daños, pero decide asumir ese riesgo. La culpa, por su parte, deberá redefinirse para incorporar estándares de diligencia técnica y de supervisión en entornos algorítmicos.

En suma, la noción de acción y el principio de culpabilidad enfrentan una tensión estructural ante los sistemas de IA. La solución no pasa por eliminar estas categorías, sino por actualizarlas desde una dogmática penal tecnológicamente sensible, que reconozca la complejidad de los entornos automatizados sin renunciar a los principios garantistas que estructuran el Derecho penal moderno.

1.3. IMPUTACIÓN OBJETIVA Y CREACIÓN DE RIESGOS ARTIFICIALES

En el Derecho penal contemporáneo, la teoría de la imputación objetiva se ha consolidado como una herramienta dogmática esencial para delimitar cuándo un resultado puede ser atribuido a un sujeto en virtud de la creación de un riesgo jurídicamente desaprobado que se realiza en el resultado lesivo. Esta categoría, que complementa el análisis causal de la conducta, se enfoca en determinar si el agente ha creado un peligro relevante para el bien jurídico protegido y si ese riesgo se ha concretado de manera típica. En el contexto de la inteligencia artificial, sin embargo, esta doctrina enfrenta desafíos inéditos.

Los sistemas de IA, especialmente aquellos que se basan en aprendizaje automático y redes neuronales, pueden operar con niveles de autonomía decisional que dificultan el control humano y la previsibilidad de sus acciones. Esto plantea interrogantes sobre la posibilidad de imputar penalmente los resultados producidos por estos sistemas a las personas que los desarrollan, entrenan o implementan. En particular, se cuestiona si los riesgos derivados del uso de IA pueden considerarse como "creados" por un sujeto humano cuando el comportamiento del sistema escapa al control ex ante del operador.

Desde una perspectiva técnico-jurídica, la imputación objetiva exige que el riesgo creado por el sujeto sea ex ante evitable o, al menos, previsible, y que su concreción en el resultado sea funcional a ese riesgo. Sin embargo, en los sistemas de IA se produce con frecuencia una opacidad en los procesos de decisión, lo que ha llevado a hablar de "cajas negras" algorítmicas. Esta opacidad genera una tensión con los requisitos tradicionales de la imputación objetiva, ya que puede dificultar la identificación del nexo funcional entre el riesgo creado y el resultado típico.

En este sentido, algunos autores proponen reformular los estándares de imputación para adaptarlos a los contextos algorítmicos. Por ejemplo, Pawel Ostrouch ha sugerido la introducción del concepto de "riesgo algorítmico permitido", que consistiría en la utilización de IA conforme a estándares técnicos, éticos y jurídicos previamente establecidos. Cuando un operador actúa dentro de estos estándares, no habría creación de un riesgo desaprobado, y por tanto no sería posible la imputación objetiva de los resultados dañosos. En cambio, cuando se actúa con negligencia respecto de estos estándares, se configuraría un supuesto típico de imputación por conducta imprudente.

A partir de esta propuesta, se derivan varios criterios operativos para evaluar la imputación objetiva en casos de IA. En primer lugar, el diseño del sistema debe cumplir con parámetros de seguridad y robustez, de modo que los riesgos de funcionamiento anómalo sean reducidos al mínimo posible. En segundo lugar, el entrenamiento del sistema debe evitar sesgos discriminatorios y errores sistemáticos que puedan traducirse en consecuencias lesivas. En tercer lugar, debe existir una supervisión humana adecuada, con capacidad de intervenir en caso de comportamientos inesperados.

Además, es necesario considerar el papel del entorno regulatorio y del marco normativo sectorial. El incumplimiento de normas técnicas o de protocolos de seguridad en el desarrollo e implementación de sistemas de IA puede constituir una fuente relevante de creación de riesgos típicamente relevantes desde la óptica penal. Así, la imputación objetiva no se limita a los actos de programación o ejecución directa, sino que incluye también omisiones relevantes en el diseño, control y verificación de los sistemas inteligentes.

La imputación objetiva en el contexto de la IA exige una reformulación parcial de sus criterios clásicos, sin perder de vista los principios fundamentales del Derecho penal. Se trata de integrar la dimensión tecnológica en el análisis dogmático, reconociendo que la creación de riesgos en entornos algorítmicos tiene una lógica propia que exige nuevas herramientas jurídicas. Esta tarea debe llevarse a cabo con rigor técnico, pero también con sensibilidad garantista, para evitar una expansión indebida de la responsabilidad penal basada en una mera lógica de resultados.

1.4. ¿ES POSIBLE LA CULPABILIDAD SIN CONCIENCIA HUMANA? CRÍTICA A LAS CONSTRUCCIONES EXPANSIVAS

La progresiva autonomía de los sistemas de inteligencia artificial (IA), especialmente aquellos que operan a través de redes neuronales profundas y aprendizaje reforzado, ha llevado a algunos sectores doctrinales a explorar la posibilidad de atribuir una forma de "culpabilidad" a las máquinas. Esta propuesta, que podría parecer radical en términos dogmáticos tradicionales, se funda en la observación de que ciertos comportamientos lesivos ya no pueden ser directamente imputados a decisiones humanas concretas, sino que emergen de procesos algorítmicos complejos que escapan a la previsibilidad ordinaria.

No obstante, la idea de una "culpabilidad sin conciencia" desafía uno de los pilares fundamentales del Derecho penal garantista: el principio de culpabilidad subjetiva. En virtud de este principio, solo puede ser penalmente responsable quien actúa con dolo o, en su defecto, con culpa, entendida como falta de diligencia basada en una capacidad de comprensión y de autodeterminación conforme a la norma. Las máquinas, incluso las más avanzadas, carecen de consciencia, intencionalidad moral y posibilidad de ser motivadas normativamente. Por tanto, aplicarles la noción de culpabilidad implica una transformación sustancial de su contenido dogmático.

Algunos autores, como Weigend[113], han advertido de los peligros que encierra esta deriva. La penalización de entes no humanos con base en una supuesta funcionalidad social o en una lógica de prevención general puede conducir a una "objetivación" del Derecho penal, en la que se pierde el carácter subjetivo y personal de la responsabilidad. En este modelo, la pena deja de ser una retribución justa y proporcional a la culpabilidad del autor, para convertirse en una medida de defensa social aplicada sobre una base de peligrosidad estructural.

La atribución de culpabilidad a sistemas de IA también plantea problemas de índole práctica. Si bien es posible que estos sistemas causen daños significativos e incluso letales, carecen de patrimonio, de derechos fundamentales y de capacidades reeducativas. Por tanto, las penas clásicas (privación de libertad, multa, trabajos en beneficio de la comunidad) no

---

113 WEIGEND, T., 2021. Is there a need for a penal law of robots? Criminal Law and Philosophy, 15, pp. 23–45.

son aplicables. Esto obliga a pensar en sanciones simbólicas o sustitutorias, como la desconexión del sistema o la cancelación de su licencia operativa. Sin embargo, estas medidas tienen un carácter meramente instrumental y no se sostienen sobre un juicio de reproche moral.

Una alternativa teórica, defendida por algunos autores, es la construcción de una "culpabilidad estructural". En esta lógica, se sostiene que el sistema de IA no es culpable en sí mismo, pero forma parte de una red estructural de decisión que incluye a diseñadores, programadores, entrenadores y usuarios. La responsabilidad penal se derivaría entonces de fallos o negligencias en el diseño, en la selección de los datos de entrenamiento, en la supervisión de las salidas o en la evaluación de los riesgos inherentes al sistema.

Este modelo tiene la virtud de mantener el anclaje de la responsabilidad penal en sujetos humanos, pero exige un desarrollo más sofisticado de las formas de imputación. Es necesario, por ejemplo, delimitar con precisión cuándo el diseño de un algoritmo es defectuoso desde el punto de vista penal, o cuándo la falta de supervisión constituye una omisión relevante que permite activar mecanismos de imputación por imprudencia.

También deben abordarse los supuestos de delegación técnica. En muchos casos, los operadores humanos no comprenden cabalmente el funcionamiento del sistema de IA que utilizan, especialmente cuando éste ha sido entrenado con grandes volúmenes de datos y presenta una arquitectura opaca. En estos casos, se corre el riesgo de una imputación objetiva basada en la mera posición de garante, sin una auténtica posibilidad de control. Esto contradice el principio de culpabilidad y puede conducir a una forma encubierta de responsabilidad objetiva.

Cualquier intento de extender la noción de culpabilidad al comportamiento de las máquinas debe ser examinado con extrema cautela. La dogmática penal no puede perder de vista su fundamento humanista y garantista. Si bien es necesario adaptar las estructuras de imputación a los nuevos entornos tecnológicos, esta adaptación no puede hacerse al precio de abandonar los principios fundamentales que sustentan el Estado de Derecho.

El reto, por tanto, consiste en desarrollar modelos de responsabilidad penal que sean sensibles a la complejidad de la IA, pero que mantengan el protagonismo del ser humano como sujeto único de reproche. Esto implica fortalecer la regulación previa al daño, fomentar una cultura de seguridad y ética en el diseño de algoritmos y establecer mecanismos eficaces de control y supervisión. Solo así podremos garantizar que la justicia penal siga siendo una herramienta legítima de protección de los derechos fundamentales en la era digital.

2. *La autoría y participación en delitos mediados por sistemas inteligentes*

El concepto de autoría en Derecho penal ha sido tradicionalmente construido sobre la base de la intervención directa de una persona física en la realización del tipo penal. La doctrina clásica ha desarrollado criterios como el dominio del hecho, el acuerdo previo y la distribución de funciones, para diferenciar entre autoría directa, autoría mediata, coautoría y participación accesoria. Esta estructura de atribución funciona correctamente en un contexto de acciones humanas, donde cada interviniente puede ejercer un grado de control sobre la ejecución del delito. Sin embargo, la irrupción de sistemas de inteligencia artificial (IA) en la cadena causal del delito plantea importantes interrogantes sobre la aplicabilidad de estas categorías.

El concepto de autoría en Derecho penal ha sido tradicionalmente edificado sobre la base de la intervención de una persona física en la realización del tipo penal. En la dogmática clásica, esta figura ha sido objeto de una sistematización refinada que distingue entre autoría directa, autoría mediata, coautoría y participación accesoria, sustentándose fundamentalmente en el principio del dominio del hecho. Este principio, desarrollado con precisión por Claus Roxin[114], establece que autor es quien tiene el control funcional sobre

---

114 *Ob cit.*

la ejecución del delito, es decir, quien puede decidir sobre la consumación o interrupción del hecho típico.

Desde esta óptica, el autor directo es quien realiza por sí mismo todos los elementos del tipo objetivo. El autor mediato, por su parte, se vale de otra persona como instrumento carente de culpabilidad o de dominio funcional. La coautoría exige una ejecución conjunta sobre la base de un acuerdo funcional, mientras que el partícipe accesorio (instigador o cómplice) actúa sin dominio del hecho, pero contribuyendo a su realización.

Esta arquitectura funciona correctamente en contextos donde todos los elementos del delito son ejecutados por seres humanos que actúan con discernimiento y voluntad. Sin embargo, la aparición de sistemas de inteligencia artificial (IA) que intervienen de forma autónoma en la cadena causal del delito plantea la necesidad de revisar estos conceptos. ¿Quién es el autor cuando un sistema algorítmico, previamente entrenado, toma una decisión que desencadena un resultado típico y antijurídico? ¿Puede considerarse autor al programador, al operador o al ente organizativo que ha desplegado el sistema?

En primer lugar, la teoría del dominio del hecho, en su formulación clásica, presupone una estructura jerárquica de control basada en la racionalidad humana. La IA, especialmente en su variante de aprendizaje profundo, funciona mediante una arquitectura opaca (*black box*) que genera resultados no totalmente predecibles, incluso para sus propios desarrolladores. Esta ruptura en la cadena de previsibilidad compromete la base del dominio funcional, pues el sujeto humano pierde la capacidad de determinar con precisión el curso del suceso delictivo.

Algunos autores han propuesto reinterpretar la autoría mediata mediante IA como una extensión del dominio del hecho a través de estructuras técnicas. Dencker y Heinrich[115] han explorado la posibilidad de considerar la IA como un "instrumento técnico autónomo", lo que permitiría mantener la figura de autoría mediata cuando el humano mantiene capacidad de control ex ante o a través de mecanismos de vigilancia algorítmica.

Sin embargo, cuando el grado de autonomía del sistema es elevado y el resultado resulta emergente o no derivable de instrucciones humanas específicas, se debilita la idea de instrumentalización. La IA no actúa como un simple ejecutor ciego, sino como un sistema que puede optimizar resultados mediante procesos internos de autoajuste. Esto desafía las nociones tradicionales de imputación subjetiva, pues el dominio del hecho no se distribuye linealmente, sino que se fragmenta en múltiples niveles: diseño, programación, entrenamiento, parametrización, activación y supervisión.

Frente a ello, se ha planteado la conveniencia de recurrir a una teoría funcional de la autoría que trascienda la figura del ejecutor inmediato y se enfoque en el control estructural del proceso delictivo. Jakobs[116], desde la teoría de los sistemas sociales, propone interpretar la autoría no como ejecución física, sino como ocupación de una posición de garante dentro del sistema normativo. Esta perspectiva permitiría identificar como autores a quienes, desde posiciones normativas relevantes (ej. desarrolladores, directivos, responsables de compliance), han generado o tolerado el funcionamiento del sistema con conocimiento del riesgo típico.

Asimismo, la doctrina de la imputación objetiva, en sus desarrollos más recientes, permite analizar si se ha creado un

---

115 DENCKER, D & HEINRICH, B. "Künstliche Intelligenz und Täter hinter dem Täter?", ZIS, 2020.

116 GÜNTHER J, Strafrecht Allgemeiner Teil, 2ª ed., Springer, Berlin, 1991.

riesgo jurídicamente desaprobado que se ha concretado en el resultado, siempre que dicho riesgo sea imputable a una conducta humana. La configuración de un sistema de IA que actúa de forma autónoma, pero en condiciones técnicas deficiencias o con entrenamiento sesgado podría ser subsumida dentro de esta lógica, constituyendo una forma de autoría por creación de riesgo[117].

En los escenarios donde la IA actúa como mediadora de la acción lesiva, puede producirse un distanciamiento entre el sujeto humano y el resultado típico, dificultando la determinación del dominio funcional del hecho. Por ejemplo, si un sistema algorítmico autónomo comete un acto que en condiciones humanas configuraría un delito (como una denegación de servicio discriminatoria, una manipulación bursátil automatizada, o una acción letal por parte de un dron militar), ¿qué papel desempeñan los agentes humanos que participaron en su diseño, entrenamiento o puesta en funcionamiento?

Uno de los enfoques posibles para resolver esta cuestión es el de la "autoría mediata por medio de un instrumento". En este modelo, desarrollado por Roxin, se considera autor mediato a quien utiliza a otra persona como instrumento carente de autonomía decisoria. En el contexto de la IA, podría entenderse que el programador o el operador que introduce ciertas lógicas de decisión en el sistema conserva el dominio funcional del hecho, en la medida en que predetermina sus respuestas. No obstante, esta teoría enfrenta límites cuando la IA actúa con un nivel alto de autonomía e imprevisibilidad.

Otra alternativa consiste en analizar la conducta en términos de participación accesoria. En este marco, podría considerarse partícipes a quienes, con conocimiento de los posibles efectos

---

117 JESCHECK, H & WEIGEND, T. Tratado de Derecho Penal. Parte General, Comares, Granada, 1996.

lesivos de un sistema de IA, contribuyen a su desarrollo, entrenamiento o implementación en un contexto de riesgo. El problema de este modelo radica en la dificultad de precisar los requisitos subjetivos (dolo, conocimiento del plan delictivo) en contextos técnicamente complejos y con múltiples intervinientes.

A su vez, algunos autores han propuesto una reconceptualización de la coautoría, incorporando la idea de una co-decisión distribuida. Según este enfoque, el delito cometido mediante IA puede ser el resultado de una cooperación funcional entre varios agentes humanos, cada uno de los cuales contribuye de forma esencial a la producción del resultado. Esto incluiría, por ejemplo, al diseñador del algoritmo, al proveedor de los datos de entrenamiento, al integrador del sistema y al operador que lo activa. Todos ellos compartirían el dominio funcional de la acción, aunque su intervención sea asimétrica y escalonada en el tiempo.

No menos relevante es la posibilidad de atribuir responsabilidad penal en contextos de omisión. En particular, el operador o el responsable de la supervisión del sistema podría incurrir en una omisión impropia si, teniendo la posición de garante y los medios para impedir un resultado lesivo generado por la IA, no actúa con la diligencia debida. Este tipo de responsabilidad omisiva exige un análisis detallado de las posiciones de garantía y de los deberes de control tecnológico.

A nivel comparado, algunos ordenamientos han comenzado a incorporar marcos normativos que regulan la participación penal en contextos algorítmicos. Por ejemplo, en Alemania se discute la posibilidad de reformular el § 25 del Strafgesetzbuch (StGB) para incorporar supuestos de autoría mediata por medio de sistemas técnicos. En el Reino Unido, el Serious Crimes Act contempla la responsabilidad por facilitar el uso de sistemas automatizados para cometer delitos informáticos. Estas iniciativas reflejan la necesidad de adaptar las categorías tradicionales a las nuevas realidades tecnológicas.

Finalmente, resulta imprescindible distinguir entre la responsabilidad penal individual y la responsabilidad penal corporativa. En muchos casos, los delitos mediados por IA no son obra de individuos aislados, sino de estructuras organizadas que operan con lógicas empresariales. En estos contextos, la responsabilidad penal de la persona jurídica por hechos cometidos mediante sistemas inteligentes exige desarrollar modelos de imputación estructural, basados en la ausencia de controles adecuados, la tolerancia institucional al riesgo o la cultura organizacional defectuosa.

Corolario de lo anterior, la autoría y participación en delitos mediados por sistemas de IA constituyen uno de los mayores desafíos de la dogmática penal contemporánea. La complejidad tecnológica no puede ser un obstáculo para la imputación de responsabilidad, pero tampoco debe llevar a una extensión indebida de la punibilidad. La solución pasa por reconstruir las categorías tradicionales desde una perspectiva funcional, que permita identificar las contribuciones penalmente relevantes dentro de procesos técnicos complejos, respetando al mismo tiempo los principios de legalidad, culpabilidad y proporcionalidad.

3. Responsabilidad penal por diseño y entrenamiento de sistemas de IA

El diseño y entrenamiento de los sistemas de inteligencia artificial (IA) constituye una de las etapas más decisivas en la determinación del comportamiento futuro de dichos sistemas. A diferencia de otras tecnologías tradicionales, la IA basada en aprendizaje automático no opera únicamente sobre una lógica determinista programada por humanos, sino que genera sus propios modelos internos a partir de la ingestión masiva de datos. Esta característica genera un tipo de responsabilidad penal que no solo se vincula con la operación o uso inmediato del sistema, sino con decisiones tomadas ex ante por diseñadores, ingenieros de datos, desarrolladores de algoritmos y responsables de entrenamiento.

El Derecho penal, especialmente en su vertiente garantista, exige que toda imputación de responsabilidad se base en una acción humana voluntaria, típica, antijurídica y culpable. En el caso del diseño defectuoso de un sistema de IA que genera consecuencias lesivas, debe identificarse qué tipo de decisiones en la fase de desarrollo pueden considerarse penalmente relevantes. Por ejemplo, si un ingeniero introduce deliberadamente sesgos en el sistema, entrena al algoritmo con datos falsificados o ignora advertencias sobre fallos estructurales, podría imputársele responsabilidad por resultados dañosos posteriores. Aquí cobra particular relevancia el concepto de dolo eventual, en tanto el agente no desea directamente el resultado, pero actúa asumiendo su posible producción.

Sin embargo, gran parte de las conductas relacionadas con el diseño y entrenamiento se sitúan en el ámbito de la imprudencia o negligencia técnica. En estos casos, la responsabilidad se sustenta en el incumplimiento de los deberes objetivos de cuidado que se esperan de profesionales con conocimientos especializados. La omisión de pruebas de validación del sistema, el uso de conjuntos de datos sin depurar, la implementación de arquitecturas algorítmicas no auditables o la ausencia de mecanismos de trazabilidad pueden ser conductas constitutivas de una infracción penal por imprudencia.

Para delimitar esta responsabilidad, debe establecerse un estándar técnico-jurídico que permita evaluar si las decisiones del diseñador o entrenador fueron razonables desde el punto de vista profesional. Este estándar no puede derivarse únicamente del Derecho penal, sino que exige recurrir a fuentes técnicas como normativas ISO, principios éticos de IA, guías de buenas prácticas en ingeniería de datos y estándares de calidad industrial. La infracción de estos marcos puede constituir un indicio relevante de creación de un riesgo no permitido.

Un aspecto clave es la relación entre el diseño del sistema y su capacidad de producir resultados lesivos de forma autónoma. En los sistemas de IA que se entrenan con grandes volúmenes de datos sin supervisión humana directa, los desarrolladores deben implementar mecanismos de control que impidan la emergencia de patrones nocivos o discriminatorios. La ausencia de estos mecanismos puede interpretarse como una delegación irresponsable del juicio valorativo en una entidad carente de discernimiento moral. Por tanto, el entrenamiento no controlado o basado en datos contaminados puede ser un factor determinante en la configuración de la responsabilidad penal.

Otro ámbito problemático es el de los sistemas que continúan aprendiendo tras su puesta en marcha, los denominados sistemas de aprendizaje continuo o en línea. En estos casos, la responsabilidad no puede limitarse al diseño inicial, sino que se extiende al deber permanente de monitoreo y actualización del modelo. Los desarrolladores y operadores tienen la obligación de evaluar periódicamente el comportamiento del sistema y corregir posibles desviaciones, lo que introduce una dimensión temporal continua en la imputación penal.

Además, debe analizarse la posible concurrencia de autoría o coautoría cuando el diseño se realiza en contextos organizativos o corporativos. En muchas empresas tecnológicas, el desarrollo de sistemas de IA es un proceso distribuido entre múltiples equipos y niveles jerárquicos. La atribución de responsabilidad penal exige entonces una reconstrucción precisa de la cadena de decisiones, la identificación de roles funcionales y la determinación de los ámbitos de competencia técnica. De lo contrario, se corre el riesgo de una imputación genérica e incompatible con el principio de responsabilidad personal.

Finalmente, resulta fundamental integrar la noción de "culpabilidad por el diseño" en el debate político-criminal. La proliferación de sistemas de IA en sectores críticos como la justicia penal, la atención médica, el transporte automatizado o la seguridad nacional exige una especial diligencia en su desarrollo. El legislador penal puede establecer tipos delictivos específicos para la producción negligente de sistemas de IA peligrosos, como ocurre en otras áreas tecnológicas (por ejemplo, en el diseño de medicamentos, automóviles o infraestructuras). Estos tipos penales permitirían una prevención más eficaz de los riesgos sistémicos derivados de la automatización inteligente.

En el debate político-criminal actual resulta fundamental integrar una noción ampliada de culpabilidad que contemple las condiciones estructurales bajo las cuales se desarrollan sistemas de inteligencia artificial (IA) con capacidad potencial de lesionar bienes jurídicos. En este contexto, la idea de una "culpabilidad por el diseño" aparece como una categoría normativo-funcional que permite identificar la responsabilidad de quienes intervienen de forma decisiva en las fases de configuración técnica, entrenamiento y parametrización de sistemas algorítmicos autónomos. Esta noción no sustituye a la culpabilidad tradicional basada en la conciencia del injusto y la exigibilidad de conducta, sino que la proyecta hacia un momento previo en la cadena de causalidad del riesgo, exigiendo altos estándares de diligencia profesional.

Autores como Gless y Weigend[118] han subrayado que el desarrollo y uso de sistemas de IA exige redefinir el contenido del deber objetivo de cuidado, incorporando elementos de previsibilidad técnica, control de calidad algorítmica y anticipación de riesgos estructurales. Esto es especialmente relevante en sectores de alta sensibilidad como la justicia penal, la medicina personalizada, el transporte automatizado o los sistemas de vigilancia predictiva. En todos estos ámbitos, una falla en el diseño o la omisión de salvaguardas adecuadas puede dar lugar a consecuencias irreparables, cuya imputación penal requiere una reconstrucción dogmática que contemple la configuración tecnológica del riesgo.

Desde la doctrina alemana, Kindhäuser[119] ha defendido la pertinencia de una imputación penal basada en el defecto de construcción de artefactos con potencial lesivo, siempre que pueda demostrarse una infracción del deber de previsión técnica según estándares profesionales aceptados. En esta línea, la culpabilidad por el diseño se configura como una forma cualificada de imprudencia, cuya relevancia penal se sustenta en el carácter normativamente evitable del resultado. Se trata, en definitiva, de exigir responsabilidad a quien deliberadamente

---

118 GLESS, S. & WEIGEND, T. "Towards a European AI Liability Law: Political and Legal Challenges", Zeitschrift für Internationale Strafrechtsdogmatik, 2021.

119 KINDHÄUSER, U. Strafrecht und Technik: Die Haftung für den gefährlichen technischen Fortschritt, Mohr Siebeck, Tübingen, 2018.

ignora advertencias sobre el funcionamiento anómalo del sistema, o actúa sin realizar las pruebas necesarias para garantizar su seguridad funcional.

La experiencia comparada ofrece ejemplos que justifican la viabilidad de esta propuesta. El Derecho penal farmacéutico, el Derecho penal ambiental o el Derecho penal de los productos industriales contienen tipos penales que sancionan la creación de condiciones estructurales de riesgo, incluso sin resultado lesivo consumado. La Ley General de Seguridad de Productos de Consumo en la Unión Europea (Directiva 2001/95/CE) y la regulación del producto defectuoso en el Código Civil español han servido como modelos para tipos penales que castigan la producción negligente de bienes peligrosos. Esta lógica puede trasladarse al contexto de la IA mediante normas que establezcan la punibilidad del diseño defectuoso de algoritmos cuando dicho defecto implique un riesgo no permitido para bienes jurídicos colectivos o fundamentales.

Asimismo, el reconocimiento normativo del deber de evaluación de impacto algorítmico, propuesto por la Comisión Europea en el borrador del AI Act[120], puede funcionar como criterio jurídico para delimitar la culpa en estos contextos. La ausencia de dicha evaluación, o su ejecución de forma meramente formal, podría constituir un indicio objetivo de infracción grave del deber de cuidado, habilitando la atribución de responsabilidad penal. De este modo, se evita la expansión de la responsabilidad objetiva, pero se incrementa la exigencia de justificación técnica ex ante.

La propuesta de tipos penales específicos por diseño negligente de sistemas de IA peligrosos se justifica, entonces, por dos razones fundamentales: por un lado, permite anticipar

---

[120] Comisión Europea, Proposal for a Regulation laying down harmonised rules on artificial intelligence (Artificial Intelligence Act), 2021.

la intervención penal al momento de creación del riesgo; por otro, contribuye a establecer incentivos normativos que impulsen la autorregulación y la cultura de la seguridad en el diseño tecnológico. Esta anticipación cumple una función preventiva que armoniza con los fines de protección del Derecho penal moderno.

La integración de la culpabilidad por el diseño en el debate político-criminal no solo es legítima, sino necesaria. El legislador debe asumir el reto de formular figuras penales adecuadas a los nuevos entornos de producción algorítmica, respetando los principios de culpabilidad, proporcionalidad y legalidad. Se trata de asegurar que el Derecho penal no solo reaccione ante el daño, sino que funcione también como instrumento de contención de riesgos sistémicos en sociedades digitalizadas.

4. El delito cometido por la IA: ¿ficción normativa o realidad futura?

Uno de los debates más controversiales dentro de la intersección entre inteligencia artificial (IA) y Derecho penal gira en torno a la posibilidad de considerar que un sistema de IA, en determinadas circunstancias, pueda ser autor de un delito. Esta interrogante desborda la dogmática penal clásica, que ha sido históricamente anclada en el antropocentrismo. El Derecho penal moderno gira en torno a la idea de sujeto humano racional, consciente y culpable, lo que excluye, en principio, a las máquinas del círculo de posibles responsables penales. No obstante, el grado de autonomía, aprendizaje y toma de decisiones que han alcanzado ciertos sistemas de IA obliga a repensar estas premisas desde una perspectiva tecnológicamente informada y filosóficamente crítica.

En primer lugar, conviene distinguir entre la ficción normativa y la atribución fáctica. Desde una perspectiva puramente fáctica, una IA puede ejecutar una conducta que, de ser realizada por un humano, cumpliría los elementos objetivos de un tipo penal (por ejemplo, causar un homicidio, realizar una estafa automatizada o discriminar de forma sistemática). Sin embargo, la atribución jurídica exige algo más: requiere que dicha conducta sea imputable a un sujeto de Derecho con capacidad de culpabilidad. Este es el punto en el que la IA, al menos en su estado actual de desarrollo, no cumple los requisitos fundamentales: carece de conciencia, intención, motivabilidad por la norma y capacidad de comprender el sentido de la ilicitud.

No obstante, algunos teóricos han sugerido que en el futuro podría desarrollarse una "personalidad jurídica artificial" similar a la que poseen las personas jurídicas. Este argumento se apoya en la idea de funcionalidad: si aceptamos que una empresa puede ser responsable penalmente en virtud de su acción institucional y de los fines que persigue, podría argumentarse que ciertos sistemas de IA con altos grados de autonomía y capacidad adaptativa podrían ser sujetos de imputación penal. Esta tesis, sin embargo, enfrenta importantes objeciones desde la teoría del Derecho penal y la filosofía del Derecho: no puede haber pena sin culpabilidad, y la culpabilidad es inseparable de la condición humana.

Una línea intermedia propone entender el "delito cometido por la IA" como una metáfora para referirse a situaciones donde no es posible identificar de forma clara a un sujeto humano responsable. En estos casos, el foco se desplaza desde el agente inmediato hacia las estructuras que han permitido o facilitado la actuación lesiva del sistema. Esto incluye a los desarrolladores, entrenadores, usuarios y responsables de la supervisión del sistema. Bajo este modelo, el delito no es cometido por la IA, sino a través de ella, en una forma de mediación tecnológica que exige nuevos modelos de imputación.

En el plano normativo, algunos sistemas jurídicos han comenzado a explorar formas de regulación penal indirecta de la IA. La propuesta de Reglamento Europeo de Inteligencia Artificial (AI Act) clasifica ciertos usos de la IA como de "alto riesgo" o incluso como prohibidos, y prevé sanciones para los operadores que infrinjan dichas disposiciones. Aunque no se trata de una responsabilidad penal en sentido estricto, estas medidas apuntan a generar un entorno de cumplimiento normativo estricto, que funcione de forma preventiva frente a los posibles daños que podrían derivarse de sistemas autónomos mal diseñados o utilizados.

Asimismo, la posibilidad de incorporar tipos penales específicos para la fabricación, comercialización o puesta en servicio de IA peligrosa ha sido discutida en la doctrina penal comparada. Estos tipos funcionarían de forma similar a los delitos contra la seguridad del producto, y permitirían sancionar penalmente a quienes generen condiciones de riesgo sistémico mediante el uso irresponsable de tecnologías autónomas. En este contexto, la responsabilidad penal seguiría siendo humana, pero basada en la mediación tecnológica.

Por otra parte, también se ha planteado la utilidad simbólica de considerar que la IA puede "cometer delitos". Esta narrativa, aunque inexacta desde el punto de vista dogmático, tiene efectos importantes en el plano de la percepción social, la política criminal y la elaboración de estrategias regulatorias. Hablar del "delito cometido por la IA" permite visibilizar los peligros asociados al uso irresponsable de estas tecnologías, y movilizar recursos políticos y jurídicos para su contención.

Como hemos señalado, aunque dogmáticamente no resulta viable atribuir responsabilidad penal a un sistema de inteligencia artificial (IA) en tanto este carece de conciencia, voluntad y capacidad de culpabilidad —requisitos indispensables para la imputación penal conforme al principio de culpabilidad subjetiva—, se ha planteado en la doctrina la utilidad simbólica y política del concepto de "delito cometido por la IA". Esta narrativa, más cercana al lenguaje de la política criminal y la ética pública que al rigor del análisis dogmático, ha tenido un impacto significativo en la visibilización de riesgos sistémicos y en la configuración de respuestas normativas y regulatorias ante la creciente automatización de decisiones socialmente relevantes.

Como advierte Silva[121], el Derecho penal moderno cumple no solo una función reactiva ante infracciones jurídicas, sino

---

121 SILVA SÁNCHEZ, J.M. La expansión del Derecho penal. Aspectos de la política criminal en las sociedades postindustriales, 2.ª ed., Civitas, Madrid, 2001.

también una función simbólica, en tanto refleja el compromiso de la comunidad jurídica con la protección de determinados bienes y valores fundamentales. En este sentido, hablar de delitos cometidos por sistemas de IA no pretende establecer una culpabilidad autónoma del sistema, sino alertar sobre los efectos sociales, políticos y jurídicos derivados de un diseño o implementación irresponsable de estas tecnologías.

Autores como Hildebrandt[122] han señalado que el recurso a expresiones como "crímenes algorítmicos" o "delitos de la IA" funciona como una estrategia discursiva para articular una nueva agenda regulatoria, centrada en la ética del diseño y la gobernanza de los sistemas inteligentes. Así, estas fórmulas permiten generar consenso político y social en torno a la urgencia de establecer límites, garantías y mecanismos de control sobre la inteligencia artificial, especialmente en contextos sensibles como el sistema de justicia, la seguridad, la medicina y la gestión de datos personales.

Desde una perspectiva pragmática, la narrativa simbólica del "delito de la IA" ha servido también para movilizar recursos institucionales, impulsar legislación proactiva y justificar la intervención de organismos reguladores en áreas tradicionalmente reservadas a la autorregulación técnica o a la libertad empresarial. En este sentido, esta retórica cumple una función instrumental, no orientada a la sanción penal directa del ente artificial, sino a la activación de mecanismos de contención del riesgo.

Como ha expuesto Thomas Weigend[123], el discurso penal puede tener funciones extrajurídicas en tanto contribuye a construir marcos de comprensión social sobre fenómenos emergentes y a

---

122 HILDEBRANDT, M. Smart Technologies and the End(s) of Law, Edward Elgar, Cheltenham, 2015.

123 WEIGEND, T. "Is there a need for a penal law of robots?", Criminal Law and Philosophy, 2021, vol. 15, pp. 23–45.

modelar expectativas normativas sobre actores institucionales y corporativos. Esta función formativa y estructurante del lenguaje penal explica por qué, incluso en ausencia de culpabilidad en sentido estricto, se recurre a la gramática del delito para describir efectos tecnológicamente mediados que generan disvalor social.

Por tanto, si bien la afirmación de que la IA puede cometer delitos resulta inexacta desde la perspectiva de la dogmática penal clásica, su utilidad simbólica debe reconocerse como un mecanismo de alerta temprana y catalizador de políticas regulatorias. No se trata de atribuir responsabilidad penal a un algoritmo, sino de visibilizar las zonas de riesgo normativo que deben ser abordadas desde una legislación preventiva y una ética pública orientada a la sostenibilidad tecnológica.

Afirmar que la IA puede cometer delitos es, hoy por hoy, una ficción normativa. Sin embargo, esta ficción cumple una función heurística y preventiva de gran valor, en la medida en que obliga a replantear los límites de la imputación penal y a desarrollar nuevas estrategias de control jurídico sobre entornos tecnológicamente complejos. El futuro del Derecho penal en la era de la inteligencia artificial no pasa por castigar a las máquinas, sino por asegurar que los humanos que las diseñan entrenan y utilizan actúen con responsabilidad, transparencia y respeto por los derechos fundamentales.

5. *Inteligencia Artificial y Derecho Penal Procesal*

La irrupción de sistemas de inteligencia artificial (IA) en el ámbito de la justicia penal no solo plantea desafíos desde la dogmática sustantiva, sino que también impacta profundamente en el Derecho penal procesal. El proceso penal, concebido como garantía frente al poder punitivo del Estado, se enfrenta a una transformación acelerada motivada por el uso de algoritmos predictivos, sistemas automatizados de análisis probatorio, modelos de evaluación de riesgos y herramientas de apoyo a la toma de decisiones judiciales. Esta integración tecnológica exige una revisión crítica de los principios rectores del proceso penal, a fin de asegurar la vigencia efectiva de las garantías fundamentales.

Uno de los desarrollos más emblemáticos en esta materia es la utilización de sistemas de predicción de reincidencia o peligrosidad, como el conocido algoritmo COMPAS en los Estados Unidos. Estas herramientas se emplean en audiencias de libertad condicional, imposición de medidas cautelares e incluso en la individualización de la pena. Sin embargo, diversos estudios han puesto de manifiesto su carácter opaco, sus sesgos raciales y socioeconómicos y su falta de auditabilidad. Desde la perspectiva procesal, ello compromete el derecho a un juicio justo, al debido proceso y a la motivación racional de las decisiones.

El principio de contradicción, pilar esencial del proceso penal, se ve afectado cuando el imputado o su defensa no pueden acceder al funcionamiento interno del sistema de IA que ha influido en la decisión judicial. El secreto comercial, la complejidad algorítmica o la imposibilidad técnica de explicar decisiones de sistemas basados en aprendizaje profundo, pueden convertir en ilusorio el derecho a impugnar efectivamente los fundamentos del fallo. En este contexto, el reconocimiento del llamado "derecho a la explicación" se erige como un mínimo exigible para compatibilizar IA y garantías procesales.

La incorporación de IA en el ámbito probatorio también plantea tensiones normativas. El uso de sistemas automáticos de reconocimiento facial, análisis de patrones de conducta o reconstrucción de hechos mediante simulaciones digitales, puede incrementar la eficacia del proceso, pero también genera riesgos de violación de derechos fundamentales. Por ejemplo, la utilización de pruebas generadas o valoradas por IA sin control judicial adecuado podría vulnerar el derecho a la presunción de inocencia y el principio *in dubio pro-reo*.

En este sentido, resulta imprescindible establecer reglas claras sobre la admisibilidad, autenticidad y fiabilidad de las pruebas producidas o valoradas mediante sistemas inteligentes. Estas reglas deben garantizar que el juez conserve la función de valoración racional de la prueba, evitando una delegación ciega en herramientas automatizadas. La IA no debe sustituir el juicio del magistrado, sino asistirlo, en un marco de control humano significativo y transparente.

Otro ámbito sensible es la digitalización de la investigación penal mediante IA. El uso de herramientas de minería de datos, vigilancia algorítmica o predicción de focos delictivos plantea la posibilidad de una "policía predictiva" que actúe sobre la base de modelos estadísticos más que sobre hechos concretos. Esta forma de actuar puede erosionar el principio de legalidad y el de intervención mínima, así como generar prácticas discriminatorias o invasivas de la privacidad.

Frente a ello, se impone la necesidad de fortalecer los mecanismos de control judicial previo, especialmente en lo que concierne a medidas restrictivas de derechos fundamentales basadas en análisis automatizados. La orden judicial debe mantenerse como requisito esencial para autorizar intervenciones intrusivas, incluso cuando estén mediadas por sistemas de IA. Además, la documentación de las decisiones algorítmicas y la posibilidad de auditoría externa son condiciones indispensables para garantizar la transparencia y la rendición de cuentas.

En el plano de la administración de justicia, la IA se ha introducido también en tareas de gestión procesal, asignación de recursos y priorización de expedientes. Aunque esta dimensión administrativa tiene un impacto menos directo sobre los derechos de las partes, no está exenta de riesgos. El sesgo en la selección de casos, la afectación a la igualdad de trato o la despersonalización del proceso judicial son efectos colaterales que deben ser cuidadosamente regulados.

La doctrina ha propuesto la elaboración de una Carta de Derechos Digitales Procesales, que establezca los principios fundamentales para el uso de IA en el proceso penal. Entre ellos, destacan: el derecho a la transparencia algorítmica, el derecho a la intervención humana en decisiones relevantes, el derecho a impugnar decisiones automatizadas, el derecho a una tutela judicial efectiva y el derecho a la protección de datos personales. Esta carta permitiría articular un marco normativo coherente que preserve la esencia del proceso penal como garantía frente al poder del Estado, incluso en un entorno de creciente automatización.

Finalmente, el juez del siglo XXI debe asumir un nuevo rol: no solo como aplicador de la ley, sino también como garante del equilibrio entre innovación tecnológica y derechos fundamentales. La formación en competencias digitales, la alfabetización algorítmica y el diálogo interdisciplinar con expertos en IA se convierten en herramientas imprescindibles para ejercer una judicatura responsable y garantista en la era digital.

En suma, el Derecho procesal penal debe adaptarse a los nuevos desafíos que plantea la inteligencia artificial, sin renunciar a sus fundamentos garantistas. La eficacia no puede lograrse a costa de las libertades, y la innovación debe estar al servicio de la justicia. Sólo así será posible construir un proceso penal verdaderamente compatible con los valores de un Estado constitucional de Derecho.

5.1 RETOS DEL DERECHO PROCESAL PENAL ANTE LA INTELIGENCIA ARTIFICIAL

El impacto de la inteligencia artificial (IA) sobre el Derecho penal no se limita al ámbito sustantivo. Una de las áreas más sensibles a esta transformación es el Derecho procesal penal, que se encuentra frente al reto de conservar sus garantías clásicas en un entorno caracterizado por la automatización de funciones, la opacidad algorítmica y la creciente dependencia tecnológica en las fases de investigación, juzgamiento y ejecución penal. Esta sección se centra en analizar los desafíos dogmáticos y prácticos que plantea la IA al proceso penal, con especial atención a los principios estructurales del debido proceso, la contradicción, la publicidad, la presunción de inocencia y la motivación judicial.

La doctrina tradicional concibe el proceso penal como un conjunto de actos procesales orientados a la averiguación de la verdad y a la protección de los derechos fundamentales del imputado. Tal como ha señalado Luigi Ferrajoli, el proceso penal cumple una función garantista de contención del poder punitivo del Estado, cuyo ejercicio debe estar sometido a estrictas reglas de legalidad, prueba y contradicción. La incorporación de IA en este marco genera tensiones profundas, en la medida en que introduce criterios automáticos y predictivos que pueden afectar el equilibrio entre eficacia y garantías.

Uno de los principales retos es la utilización de algoritmos de predicción delictiva, como el sistema COMPAS, empleado en Estados Unidos para evaluar el riesgo de reincidencia de los acusados. Diversos estudios han evidenciado que estos algoritmos pueden reproducir sesgos raciales y socioeconómicos, afectando de manera desproporcionada a determinados colectivos (Angwin et al., *ProPublica*, 2016). Desde la dogmática procesal, este fenómeno entra en colisión directa con el principio de presunción de inocencia, ya que decisiones como la prisión preventiva o la libertad condicional pueden terminar fundándose en predicciones estadísticas, y no en hechos específicos atribuibles al acusado.

En el ámbito europeo, autores como Hildebrandt y Pagallo[124] han advertido sobre los riesgos de "desprocesualización" que conlleva la automatización de las decisiones judiciales mediante IA, en tanto puede sustituir la deliberación racional, pública y contradictoria por un cálculo computacional opaco. El problema central reside en la falta de transparencia algorítmica: la mayoría de los modelos utilizados por estas tecnologías operan como "cajas negras", cuyos parámetros de decisión no pueden ser reconstruidos ni comprendidos por operadores jurídicos sin formación técnica especializada.

Esto vulnera uno de los pilares del proceso penal: el principio de contradicción. Como destaca Taruffo[125], el juicio solo puede considerarse justo si ambas partes tienen la posibilidad de conocer, impugnar y debatir las pruebas y argumentos del otro. Si las decisiones judiciales se basan en datos o resultados generados por algoritmos inaccesibles, la defensa pierde su capacidad de ejercer un control efectivo sobre los fundamentos del fallo. Este déficit de explicabilidad compromete también la motivación judicial, consagrada como exigencia constitucional en múltiples ordenamientos.

---

[124] *Ob cit.*

[125] TARUFFO, M. La prueba de los hechos, Marcial Pons, Madrid, 2002.

Otro aspecto crítico es la valoración probatoria asistida por inteligencia artificial. En algunos sistemas judiciales se están comenzando a utilizar herramientas de procesamiento de lenguaje natural, análisis forense digital automatizado, y sistemas de reconocimiento facial o de patrones conductuales para sustentar decisiones probatorias. Aunque estas tecnologías pueden mejorar la eficiencia procesal, su implementación sin un marco de validación científica y legal puede comprometer el estándar de la prueba más allá de toda duda razonable.

Como apunta Jordi Ferrer Beltrán, el valor probatorio de cualquier fuente debe ser objeto de una valoración crítica racional, basada en criterios de fiabilidad, reproducibilidad y transparencia. La IA, en tanto produce resultados basados en modelos estadísticos de correlación, no siempre permite reconstruir una cadena de razonamiento compatible con los estándares exigidos por el principio de inmediación y la valoración judicial autónoma.

En este sentido, se ha propuesto la inclusión de un "derecho a la explicabilidad" como dimensión del derecho a un juicio justo. Este derecho implicaría que toda persona sometida a un proceso penal pueda conocer y comprender, en lenguaje accesible, las razones y el funcionamiento de cualquier tecnología que haya influido en la decisión judicial. Esta idea ha sido recogida por la doctrina alemana[126] y se alinea con los desarrollos del Comité Europeo de Protección de Datos en materia de decisiones automatizadas.

Finalmente, el uso de IA en tareas de investigación penal plantea tensiones con el derecho a la intimidad, el secreto de las comunicaciones y la protección de datos personales. La vigilancia predictiva, el análisis masivo de datos (big data) y las

---

126 EIFERT, M. "Künstliche Intelligenz und Rechtsstaatlichkeit", Juristenzeitung, 2019.

tecnologías de vigilancia biométrica automatizada pueden dar lugar a formas de intervención estatal excesivas y desproporcionadas. Como ha señalado Uitz, el problema no reside únicamente en la tecnología, sino en su uso sin garantías ni control judicial efectivo[127].

Ante este escenario, la doctrina propone una serie de exigencias mínimas para compatibilizar la incorporación de IA con el Estado de Derecho:

1. Obligatoriedad de evaluación de impacto algorítmico para cualquier sistema que intervenga en decisiones procesales penales.
2. Prohibición de delegar decisiones jurisdiccionales esenciales a sistemas automatizados sin supervisión humana significativa.
3. Regulación específica sobre admisibilidad y control judicial de la prueba generada o procesada mediante IA.
4. Reconocimiento del derecho a la explicación y a la impugnación de decisiones basadas en IA.
5. Formación técnica y ética en inteligencia artificial para jueces, fiscales y defensores públicos.

El derecho procesal penal enfrenta una tensión estructural ante la inteligencia artificial: debe integrar sus ventajas sin renunciar a su función garantista. La tecnología no debe desplazar al juicio humano, sino asistirlo dentro de un marco normativo claro, transparente y respetuoso de los derechos fundamentales. De lo contrario, corremos el riesgo de erosionar los principios procesales sobre los que se edifica el constitucionalismo penal contemporáneo.

---

127 UITZ, R. "Technological Surveillance and the Rule of Law", in Verfassungsblog, 2020.

6. Derecho penal y política criminal en la era de la IA

La evolución tecnológica impulsada por la inteligencia artificial (IA) no solo transforma las estructuras sociales y económicas, sino que también plantea desafíos estructurales a los fundamentos de la política criminal contemporánea. El Derecho penal, entendido como herramienta de control social, debe enfrentar la creciente automatización de decisiones, la despersonalización del riesgo y la complejidad operativa de los sistemas algorítmicos que median la conducta humana y sus efectos jurídicamente relevantes. En este contexto, se impone una reflexión profunda sobre los fines, límites y funciones del Derecho penal en la era de la IA.

La política criminal moderna ha estado tradicionalmente orientada por principios como la intervención mínima, la subsidiariedad y la última ratio del Derecho penal. Sin embargo, la incorporación de IA en múltiples ámbitos de la vida cotidiana puede generar una presión creciente para ampliar el ámbito de aplicación del ius puniendi, especialmente ante escenarios de riesgo tecnológico. Esta tendencia hacia la expansión puede dar lugar a un Derecho penal de peligrosidad algorítmica, donde se sancionen no solo los hechos consumados, sino también los fallos potenciales de sistemas automatizados. Este enfoque, aunque comprensible desde una perspectiva de gestión del riesgo, resulta problemático desde la óptica garantista.

El surgimiento de lo que podríamos denominar un "populismo penal tecnológico" se manifiesta en propuestas legislativas que buscan sancionar cualquier comportamiento vinculado a sistemas de IA sin un análisis riguroso de su necesidad, idoneidad o proporcionalidad. En este sentido, la política criminal corre el riesgo de instrumentalizar el Derecho penal como herramienta simbólica frente a fenómenos que en realidad requieren soluciones desde la regulación técnica, la autorregulación sectorial o el derecho administrativo sancionador. La sobre criminalización de la IA puede erosionar la legitimidad del sistema penal y desdibujar sus funciones esenciales.

Por otra parte, la IA también puede ser empleada como instrumento de política criminal por parte del Estado. El uso de tecnologías predictivas para la identificación de focos delictivos, la elaboración de perfiles de riesgo, o la determinación de patrones de reincidencia, introduce una lógica de gestión algorítmica del delito. Esta lógica se aparta de los principios de justicia distributiva, equidad y personalización que deben orientar la acción penal en un Estado democrático. La automatización de decisiones estratégicas en materia penal plantea interrogantes sobre la neutralidad del algoritmo, la opacidad del diseño, y la posibilidad de discriminación estructural.

En este marco, cobra especial relevancia la necesidad de articular una política criminal tecnológicamente informada. Ello implica asumir una actitud crítica respecto del potencial de la IA para mejorar la eficacia del sistema penal, sin por ello sacrificar los valores constitucionales que lo sustentan. La prevención de riesgos tecnológicos debe abordarse con herramientas normativas adecuadas, evitando el recurso precipitado a la pena como solución inmediata. Además, se requiere un diseño institucional que favorezca el control democrático de los sistemas algorítmicos empleados en el ámbito penal.

La política criminal en la era de la IA también debe considerar la necesidad de reformular la noción de imputación y responsabilidad, especialmente en contextos de actuación colectiva, complejidad técnica y delegación funcional. La noción clásica de acción humana libre y consciente debe dialogar con realidades donde el daño emerge de procesos distribuidos y opacos. Ello no implica renunciar al principio de culpabilidad, sino enriquecer su análisis a través de una teoría de la imputación que tenga en cuenta el diseño, la supervisión y el control de los sistemas inteligentes.

Asimismo, debe repensarse el papel del legislador penal en este nuevo escenario. Las técnicas legislativas tradicionales resultan insuficientes para capturar la dinámica evolutiva de la tecnología. Se hace necesaria una legislación penal flexible, basada en principios y sujeta a mecanismos de revisión continua. Los legisladores deben dialogar con la técnica, incorporar evidencia empírica en la formulación de políticas públicas y promover la interdisciplinariedad en el proceso legislativo. La colaboración con expertos en ética de la IA, derecho tecnológico, sociología del riesgo y filosofía del castigo resulta fundamental para diseñar respuestas penales legítimas y eficaces.

Una política criminal adecuada al contexto tecnológico actual debe incluir también una estrategia de prevención. La anticipación de daños mediante medidas ex ante, como la evaluación de impacto algorítmico, los sandboxes regulatorios y los sistemas de compliance digital, debe ser prioritaria frente al recurso punitivo ex post. El Derecho penal debe actuar como última barrera frente al fracaso de otras formas de regulación, y no como un mecanismo de control estructural de la innovación.

Finalmente, la formación de los operadores jurídicos se configura como una necesidad ineludible. Jueces, fiscales, defensores y legisladores deben adquirir competencias en materia de alfabetización digital, comprensión de procesos algorítmicos y análisis de impacto tecnológico. Solo así podrán ejercer su función con responsabilidad y conciencia de los límites del Derecho penal ante fenómenos tecnológicamente complejos.

En síntesis, la política criminal en la era de la inteligencia artificial exige un cambio de paradigma. Se trata de abandonar el reflejo punitivo ante la incertidumbre tecnológica y construir una racionalidad penal basada en la contención, la prevención y el respeto de los derechos fundamentales. Solo una política criminal prudente, tecnológicamente informada y jurídicamente garantista podrá hacer frente a los retos que plantea la inteligencia artificial sin sacrificar los principios esenciales del Estado de Derecho.

7. *Propuestas de lege ferenda*

La incorporación de la inteligencia artificial (IA) en ámbitos susceptibles de generar responsabilidad penal impone la necesidad urgente de articular propuestas normativas que permitan adaptar el ordenamiento jurídico a los desafíos de la era digital sin socavar las garantías esenciales del Derecho penal. En este contexto, las propuestas de *lege ferenda* deben basarse en un enfoque interdisciplinar, tecnológicamente informado y normativamente riguroso, orientado a preservar el principio de legalidad, el respeto a los derechos fundamentales y la funcionalidad del sistema penal en un entorno de innovación disruptiva.

1. Tipificación penal específica para el desarrollo negligente de sistemas de IA peligrosos

Resulta imperativo contemplar tipos penales específicos que sancionen la programación, entrenamiento o comercialización de sistemas de IA con conocimiento de su potencial lesividad o mediante un grado relevante de negligencia técnica. Esto permitiría subsumir conductas lesivas que hoy transitan por zonas grises entre el Derecho penal y el derecho administrativo sancionador, tales como la omisión de protocolos de validación, la introducción de sesgos estructurales o el uso fraudulento de datos.

2. Incorporación expresa de estándares de diligencia tecnológica en delitos imprudentes

El estándar del "buen profesional" en delitos culposos debe ser actualizado mediante la inclusión expresa de obligaciones de diligencia asociadas a la programación, entrenamiento y auditoría de sistemas algorítmicos. Esta reforma debe contemplar las recomendaciones de organismos internacionales como la OCDE, la UNESCO o la Comisión Europea en sus marcos éticos sobre IA.

3. Regulación procesal del uso de IA en la administración de justicia penal

Deben establecerse límites normativos claros al uso de sistemas automatizados en el proceso penal, especialmente en relación con la prueba electrónica, la predicción de reincidencia y la adopción de decisiones judiciales asistidas por IA. Se propone reconocer legalmente el derecho a la explicación de decisiones automatizadas, así como la obligación de control humano significativo sobre cualquier herramienta algorítmica empleada en la función jurisdiccional.

4. Creación de una figura normativa intermedia entre responsabilidad penal y administrativa para personas jurídicas y estructuras técnico-funcionales

Frente a la dificultad de aplicar las categorías tradicionales de autoría y participación en contextos algorítmicos distribuidos, se propone la creación de regímenes de responsabilidad híbrida (inspirados en el *compliance penal*) que permitan sancionar a organizaciones que implementan IA sin garantías de legalidad, trazabilidad y equidad. Esta figura permitiría asignar responsabilidades sin recurrir a ficciones dogmáticamente cuestionables, como la culpabilidad de la IA.

5. Obligación legal de evaluación de impacto algorítmico en actividades de riesgo penal

Toda entidad que implemente IA en sectores críticos (justicia, seguridad, salud, transporte, finanzas) debe estar jurídicamente obligada a realizar una evaluación de impacto algorítmico ex ante, con contenido técnico, jurídico y ético. El incumplimiento de esta obligación podría dar lugar a responsabilidad penal o cuasi-penal por exposición injustificada al riesgo.

6. Mecanismos de supervisión y auditoría externa obligatoria

Las propuestas normativas deben prever la creación de órganos especializados en supervisión algorítmica con potestades técnicas e investigativas independientes, capaces de auditar sistemas de IA utilizados por actores públicos y privados. Esta supervisión debe estar orientada por principios de transparencia, rendición de cuentas y no discriminación.

7. Adaptación de los principios penales clásicos al entorno digital

La dogmática penal debe ser reinterpretada para incluir supuestos de autoría mediata mediante sistemas de IA, reformulaciones del dolo eventual y nociones de imprudencia profesional altamente cualificada. Estas adaptaciones deben realizarse sin erosionar los principios de culpabilidad, legalidad y proporcionalidad.

En conjunto, estas propuestas de *lege ferenda* apuntan a construir un Derecho penal sensible al cambio tecnológico, que sepa integrar los aportes de la ciencia de datos y la ética algorítmica, sin ceder ante tentaciones punitivas expansivas ni ante el desmantelamiento de sus garantías esenciales.

8. Bibliografía

BACIGALUPO, S., 2016. Expectativas de lealtad funcional y responsabilidad penal en entornos automatizados. En: NIETO MARTÍN, A. (ed.). Derecho penal económico y de la empresa. Madrid: Dykinson, pp. 73–91.

BALMACEDA HOYOS, G., 2011. El delito de estafa informática en el Derecho europeo continental. Revista de Derecho y Ciencias Penales, 17, pp. 111–149.

CALIXTO GONZÁLEZ, N., DENIS MORALES, D. I. y ÁGUILA VILLA, R. M., 2018. El delito informático, su tratamiento en el ordenamiento jurídico cubano. Revista Caribeña de Ciencias Sociales.

CARRASCOSA LÓPEZ, V. y DE LA HIZ MATÍAS, J. J., s.f. Estafa informática. Informática y Derecho. Madrid: Ministerio de Cultura.

CRESCIOLI, C., 2024. La lucha contra el cibercrimen y las últimas reformas penales en España e Italia: luces y sombras. Revista de Estudios Jurídicos y Criminológicos, 10, pp. 403–427.

DE LA HIZ MATÍAS, J. J. y CARRASCOSA LÓPEZ, V., 2022. Estafa informática. Informática y Derecho, pp. 1135–1148.

DE LA MATA BARRANCO, N. J., DOPICO GÓMEZ-ALLER, J., LASCURAÍN SÁNCHEZ, J. A. y NIETO MARTÍN, A., 2024. Derecho penal económico y de la empresa. 2.ª ed. Madrid: Dykinson.

DENCKER, D. y HEINRICH, B., 2020. Künstliche Intelligenz und Täter hinter dem Täter? Zeitschrift für Internationale Strafrechtsdogmatik (ZIS).

DOPICO GÓMEZ-ALLER, J., 2024. Derecho penal económico y de la empresa. 2.ª ed. Madrid: Dykinson, pp. 147–154.

EIFERT, M., 2019. Künstliche Intelligenz und Rechtsstaatlichkeit. Juristenzeitung.

FERNÁNDEZ TERUELO, J., 2022. Clásicas y nuevas conductas fraudulentas ejecutadas en la red. En: SILVA SÁNCHEZ, J. M. (coord.). Un modelo integral de Derecho penal. Madrid: BOE, pp. 1135–1150.

GARCÍA PÉREZ, R., 2020. Responsabilidad penal y estafas financieras digitales. Revista Derecho Penal y Criminología, 34(2), pp. 215–242.

GLESS, S. y WEIGEND, T., 2021. Towards a European AI Liability Law: Political and Legal Challenges. Zeitschrift für Internationale Strafrechtsdogmatik.

GÓMEZ-JARA DÍEZ, C., 2014. Derecho penal económico europeo. Valencia: Tirant lo Blanch.

GONZÁLEZ CÁCERES, C., 2004. Un análisis jurídico-económico de estafas en entidades de crédito. E.M. Revista, 77, mayo-agosto.

GONZÁLEZ RUS, J. A., 2007. Estafas informáticas y manipulación de sistemas. En: LIDÓN, J. (ed.). Delitos en Internet. Madrid: Dykinson, pp. 89–122.

GONZÁLEZ RUS, J. J., 2007. Precisiones político-criminales sobre la intervención penal en Internet. En: Delito e informática: algunos aspectos. Bilbao: Universidad de Deusto, pp. 13–40.

GÜNTHER, J., 1991. Strafrecht Allgemeiner Teil. 2.ª ed. Berlín: Springer.

HILDEBRANDT, M., 2015. Smart Technologies and the End(s) of Law. Cheltenham: Edward Elgar.

JESCHECK, H. y WEIGEND, T., 1996. Tratado de Derecho Penal. Parte General. Granada: Comares.

KINDHÄUSER, U., 2018. Strafrecht und Technik: Die Haftung für den gefährlichen technischen Fortschritt. Tübingen: Mohr Siebeck.

LASCURAÍN SÁNCHEZ, J. A., 2024. Responsabilidad penal individual en los delitos de empresa. En: DE LA MATA BARRANCO, N. J., et al. Derecho penal económico y de la empresa. 2.ª ed. Madrid: Dykinson.

LASCURAÍN SÁNCHEZ, J. A., 2022. Elogio de la responsabilidad penal de la persona jurídica. En: SILVA SÁNCHEZ, J. M. (coord.). Un modelo integral de Derecho penal. Madrid: BOE, pp. 195–206.

LÓPEZ REY, A., 2016. Responsabilidad penal por vulneración de la confianza en el entorno digital. Revista de Derecho Penal y Criminología, 23(2), pp. 87–105.

MIRÓ LLINARES, F., 2020. Ciberdelincuencia. Análisis y control de la criminalidad digital. Valencia: Tirant lo Blanch.

MONTSERRAT SÁNCHEZ-ESCRIBANO, M. I., 2024. Deepfakes y derecho penal: Derecho al honor, a la intimidad y a la propia imagen. En: CARDONA VALLÈS, M. y HERNÁNDEZ HIDALGO, P. (coords.). Desafíos actuales de la Inteligencia Artificial. Barcelona: UOC, pp. 97–106.

MORALES PRATS, F., 2007a. La evolución del fraude a través de las tecnologías de la información. En: LIDÓN, J. (ed.). Delitos en Internet. Madrid: Dykinson, pp. 155–170.

MORALES PRATS, F., 2007b. Delitos en Internet. En: LIDÓN, J. (ed.). Delitos en Internet. Madrid: Dykinson.

MORENO VERDEJO, J., 2007. Algunas cuestiones acerca de la estafa informática y uso de tarjetas. En: Delito e informática: algunos aspectos. Cuadernos Penales José María Lidón, 4. Bilbao: Universidad de Deusto, pp. 173–190.

NIETO MARTÍN, A., 2018. Derecho penal económico y de la empresa. Madrid: Dykinson.

OXMAN, N., 2013. Estafas informáticas a través de Internet: acerca de la imputación penal del phishing y el pharming. Revista de Derecho, Pontificia Universidad Católica de Valparaíso, XLI(2), pp. 211–262.

ORCOY BIDASOLO, M., 2025. El bien jurídico en los delitos patrimoniales complejos. Revista Electrónica de Ciencia Penal y Criminología, 7, art. 12.

ROXIN, C., 2006. Derecho penal. Parte general. Tomo I. 2.ª ed. Madrid: Civitas.

SANCHÍS CRESPO, C., 2007. El levantamiento de la carga de la prueba en Internet: ¿ficción o realidad? En: Delito e informática: algunos aspectos. Bilbao: Universidad de Deusto, pp. 375–389.

SANZ, G., 2020. Aspectos técnicos y jurídicos del anonimato en redes cifradas. Revista de Derecho y Tecnología, 13(1), pp. 55–78.

SÁNCHEZ BERNAL, J., 2009. El bien jurídico protegido en el delito de estafa informática. Cuadernos Tomás, 1, pp. 105–121.

SÁNCHEZ MEDERO, G., 2010. Delitos en Internet: clases de fraudes y estafas y las medidas para prevenirlos. Boletín de Información, 324, pp. 67–79.

SILVA SÁNCHEZ, J. M., 2001. La expansión del Derecho penal. Aspectos de la política criminal en las sociedades postindustriales. 2.ª ed. Madrid: Civitas.

SILVA SÁNCHEZ, J. M., 2022. ¿Genera derechos la buena suerte? Sobre el papel del resultado en Derecho penal. En: Un modelo integral de Derecho penal. Madrid: BOE, pp. 921–932.

TARUFFO, M., 2002. La prueba de los hechos. Madrid: Marcial Pons.

UITZ, R., 2020. Technological Surveillance and the Rule of Law. En: Verfassungsblog.

VIOTA MAESTRE, M., 2007. Problemas relacionados con la investigación de los denominados delitos informáticos. En: Delito e informática: algunos aspectos. Cuadernos Penales José María Lidón, 4. Bilbao: Universidad de Deusto, pp. 237–258.

VON LISZT, F. *Tratado de Derecho penal.* Traducción y adaptación española. Madrid: Reus, 1927.

WEIGEND, T., 2021. Is there a need for a penal law of robots? Criminal Law and Philosophy, 15, pp. 23–45.

WELZEL, H. *Derecho penal alemán. Parte general.* 2.ª ed. Traducción de José Cerezo Mir. Santiago de Chile: Editorial Jurídica de Chile, 1969.

Documentos institucionales

COMISIÓN DE ÉTICA JUDICIAL, 2023. Dictámenes y acuerdos 2018-2023. Madrid: Consejo General del Poder Judicial, pp. 15–20.

Jurisprudencia

STS 533/2007, de 12 de julio. Roj: STS 3935/2007 – ECLI:ES:TS:2007:3935.

STS 533/2007, de 12 de junio. ECLI:ES:TS:2007:3935.

STS 644/2010, de 28 de mayo. ECLI:ES:TS:2010:3761.

STS 3761/2010, de 28 de mayo. ECLI:ES:TS:2010:3761.

STS 834/2012, de 25 de octubre. ECLI:ES:TS:2012:8284.

STS 835/2013, de 4 de noviembre.

STS 211/2014, de 12 de marzo.

STS 300/2015, de 19 de mayo. ECLI:ES:TS:2015:2047.

STS 3504/2019, de 4 de noviembre. ECLI:ES:TS:2019:3504.

SAN 246/2019, Sección 4.ª, de 30 de abril. CENDOJ: 28079240042019100246.

SAP Valencia, Sección 5.ª, de 3 de julio de 2020. ECLI:ES:APV:2020:1987.

STS 838/2023, de 16 de noviembre. CENDOJ: 28079120012023100838.

Jurisprudencia internacional

TEDH (Gran Sala), 2011. Sentencia Lacadena Calero c. España (Demanda n.º 23002/07), 22 de noviembre.

TEDH (Gran Sala), 2017. Sentencia Barbulescu v. Rumanía, 5 de septiembre, TEDH 2017/614.

TEDH (Gran Sala), 2020. Sentencia Bălteanu v. Rumanía, 14 de enero.

TJUE, 2016. Sentencia de 21 de diciembre, C-203/15 y C-698/15 (Tele2 Sverige y Watson).

TJUE, 2020. Sentencia de 11 de noviembre, C-628/17 (Orange Polska SA).